何歳からでも遅くない

IT'S NOT TOO LATE!

最高の生き方を手に入れる

人生再起動メソッド

いれぶん

JN198691

イースト・プレス

はじめに

この本は「やりたいこと」が「できる」様になる本です。

これを書いているわたしは、現在47歳。

周りの同世代を見渡すと「やりたいこと」ができていない。

そんな人がとても多いと感じます。


これを今読んでくれているということは、あなたも
「もっと幸せに、楽しく過ごせるように人生をアップデートしたい」

そう考えているのに、何もできないまま、どんどん時が過ぎていってしまうことに悩んでいるのではないでしょうか？

その気持ち、とてもよくわかります。

なぜなら、かくいうわたしも20代30代という20年にも及ぶ長い間、毎日忙殺され、思考停止状態で流されながら、ただ毎日をまるで消化試合のように過ごしたからです。

今、思い返せば、それはまさに暗黒の20年間でした。

しかし、あるきっかけによって**「しんどいだけだった人生」が劇的に楽しくなりました。**嫌いになっていた自分を好きになり、「やりたいこと」が「できる」ようになりました。

本書では、「やりたいこと」が「できる」を次のように定義します。

「やりたいこと」が「できる」

**人生の目的に向かって
自信を持って
自分で舵を取り
前進し続けている状態**

どうでしょうか？

読んでいるだけで、ワクワクしてきませんか？

重要な鍵を握っているのは、「自信」です。

本書における自信とは、次のように定義します。

「自信」

自分への信頼
しがらみを気にせず
内面的な安定と充実感を持って
自分らしく行動できること

わたしは自らの実体験から、「自信」を手に入れ、積み上げ、磨き、揺るぎないものにしていくことで、「やりたいこと」が「できる」自分に辿り着くことができることを知りました。

わたしは、どこにでもいるような凡人サラリーマンでした。しかし、42歳の時にどん底を迎えます。人生に焦り、余裕がない状態で株式投資に手を出し、20年かけてコツコツ貯めてきた700万円を、あっという間に失いました。

時を同じくして、勤めていた会社では突然の3階級降格、そして大幅減給。お金、会社での信用、そして家族の信用、これら全てを一度に失ったのです。

その後、2020年にSNSでの発信活動を始めたことをきっかけに、

2021年　オンラインコミュニティ「いれぶん塾」を立ち上げる。
2022年　起業、初の著書「40代から手に入れる最高の生き方」を出版。
2023年　2冊目の著書「40代Xコミュニティ」を出版。

オンラインコミュニティ「いれぶん塾」には卒業退会も含めると延べ2500人以上が在籍。本書が出版された段階でXのフォロワー数は12万5000人。このわずかな期間で、人生は大激変。

時間、お金、心、3つの余裕を手に入れ、たくさんの好きな人に囲まれ、応援してもらえる。たくさんの人から感謝され、サインや握手を求められるようになりました。

暗黒の20年間から脱出し、「やりたいこと」が「できる」様になるには、ある1つの要素が必要でした。

「やりたいこと」が「できる」様になると、人生は見違えたように明るくなります。

いきなり、結論です。

それは「正しく頼る」たったこれだけのことでした。

難しいことは何もありません。誰にでもできることです。

これをきっかけにして、本書に書いた通りの流れを実行すれば「自信」が手に入り、あなたの人生はびっくりするくらい好転していきます。そして「やりたいこと」が「できる」様になります。

ただの凡人サラリーマンだったわたしは、「最高の生き方」を手に入れました。そのきっかけは「正しく頼る」だったのです。

「え、そんなことで？　自分にできると思えない……」

そう思ったあなたにこそ、本書を読んでもらいたい。大丈夫。過去のわたしもあなたと同じ反応をしたに違いありません。

「自信」を得るには、そしてより良い人生を送るためには、努力を積み重ねて、自分で現状を打破していかないといけない。

そう考える人が多いでしょう。実は、この考え方こそが大きな落とし穴であり、「やりたいこと」が「できない」まま、どんどん時間が過ぎてしまう人を増やす原因となっています。

オンラインコミュニティ「いれぶん塾」では、わたしのマインドセット、行動指針などを日々共有しています。その結果、わたしと同じように「人生の成果」を出す人がどんどん増えています。

多くの人たちが、

- **起業できた**
- **書籍を出版できた**
- **インフルエンサーになれた**
- **コミュニティオーナーになれた**
- **嫌いになっていた自分を好きになれた**
- **自信を取り戻して、人生を楽しくて仕方ないものに変えることができた**

40代、50代の方を中心に、60代、70代からでも新しい挑戦をして、輝かしい自己実現を次々に叶えているのです。

何歳からでも遅くないのです。特に女性の皆さんが大活躍しています。

それにしても、世の中にはありとあらゆる情報が出揃っており、今や誰でもそのメソッドやコンテンツを簡単に手にすることができるようになりました。

しかし、一方でほとんどの人はその情報を得てはいるものの、使いこなすことができていません。

なぜなら、土台となるものを失っているからです。

人は生まれ、育ち、10代になるくらいから学びはじめます。20代になると社会に出て、仕事という実務に多くの時間を費やすようになります。30代までには恋愛や失恋、そして結婚、出産、育児。様々な喜び、そして挫折も経験する人が多いでしょう。

情報過多で何かと忙しい。そんな時代背景もあり、新しいことを覚え、こなすことに精一杯だったわたしたちですが、経験を積むことによって少しずつ人生に慣れていきます。

40代にもなれば、そろそろ研修期間は終わり。いよいよ人生の本番を迎え、ようやく「やりたいこと」が「できる」タイミングに差し掛かります。

それなのに、多くの人は「極めて安全で自由に行動できる環境」にいるのにも関わらず、なぜか「やりたいこと」が「できない」という大きな矛盾を抱えています。
できない理由は明白です。

それは、「自信」がないから。

人生の研修期間では、わたしやあなたがそうであった様に、ほとんどの人が余裕を失います。長い間、「やるべきこと」をこなすのに精一杯で、リスクを犯してまで「やりたいこと」に挑戦することができませんでした。

そして、人生に慣れてきた頃、今度は「やらないこと」にも慣れてきてしまいます。「やりたいこと」を「やる」その感覚すら忘れてしまっているのです。

そう、本書では、「やりたいこと」を実行することができない原因を「自信」が足りないことであるとしました。そして、それを現代における大きな課題として設定し、解決するための方法・手順をメソッドとしてお伝えしています。

それは、驚くほどシンプルで簡単な方法です。

この「自信の作り方」を実行することで、あなたは周りの人から応援される様になり、様々なことが上手くいく様になります。仕事、キャリアの悩みは解消され、友達、パートナー、親子、同僚、先輩後輩、ありとあらゆる人間関係の悩みまで解消して、人生が驚くほど好転していくでしょう。

さらに本書では、「自信」が持つ落とし穴、そしてその対処方法についてもお伝えします。

フリーズしていた夢が動き出し、疲弊していた人生が輝きを取り戻します。
そう、停滞していた人生が再起動するのです。

本書では「自信の作り方」、加えて「自信の使い方」について言及し、それらを総合したものを人生再起動メソッドとして体系化しました。

何歳からでも遅くない。

そしてまだ早いということも全くありません。今すぐ、このメソッドを使って自信を取り戻し、余裕のある最高の生き方を手に入れてください。

大丈夫。今からでも間に合います。

毎日が遠足前夜気分。ワクワクして仕方がない。いつも機嫌が良い。1人でも多くの方が本書を手にすることで、そんな最高の生き方を手に入れることを心から願っております。

それでは、早速はじめましょう。

目次

2章 思いやりを持つ

3章 覚悟を決める

4章 正しく頼る

5章 人の力になる

6章 自信の使い方

7章 人生再起動のためのワーク

序章

人生を再起動させるには？

人生再起動メソッド

IT'S NOT TOO LATE!

Episode 01

全てを失った日

「……嘘だよね……？」

長い沈黙のあと、妻は小さく声を絞り出した。

この日、わたしは全てを失った。

当時、42歳。この瞬間、わたしは一度死んだと言ってもいいかもしれない。

季節は夏、日中36度を超えた日の夕方、うだるような暑さ、久しぶりに羽織ったビジネススーツのジャケットがひどく窮屈に感じる。ネクタイは締めていないのに、まるで、ワイシャツの襟で首を締められているようで息が苦しい。助手席の方向を見ることができない。空気が重い。思わずパワーウィンドウの開閉スイッチを探る。いつもなら、すぐに見つかるのに指の挙動がぎこちない。なんとか窓を開けると、湿気を帯びた残暑の風が車内をさらに不快なものにした。

この情景、あれから何度夢に出てきたことだろうか。夫婦2人での外出は本当に久しぶりだった。当時、3人の子供は小学3年生と6年生、そして中学2年生。27歳で結婚、翌年長女が生まれる。30代は仕事ばかりしていたという記憶しかない。家族のことは何一つできなかった。本当にひどい父親だったのだと思う。子供が3人になると、それぞれが体調を崩したり、学校の行事や習い事、食事の準備など。365日、一年中、忙しくない日なんてない。たまに、妻をカフェや食事に誘っても断られる。

「あなたは良いよね。いつも、自分のことばかりで」

そんなことを言われても仕方ないじゃないか。オレだって一生懸命やっているんだ。今回だって、家族のことを考えての行動だ。表向きはそうだった。

当時、わたしは転職活動をしていた。大手外資系のフルコミッション保険会社の採用試験で、何度も面接を受ける。中部支社のトップとも会って話もした。

「是非、あなたに来てほしい」

サーフィンで日焼けした男前の役員は年収5，000万円だと語った。自分の好きな時間に、好きなように仕事ができる。自由な時間こそが人生だ。彼は理想の人生について、雄弁に語ってくれた。9月9日夜19時開始で、転職希望者向けのガイダンスがあるとのこと。夫婦での参加を促される。勤めていた会社では、月に200時間を超えるような時間外労働が続いていたこともあり、妻が転職を反対することはなかった。しかし、夕食時に子供を家に置いて外出することには、案の定、懸念を示した。

実は、この日の4ヶ月前、事件が起きた。わたしは出社した会社の朝礼で、とんでもない話を聞くことになる。なんと、上司が不正をしたという。それに関わっているわたしも同犯だとのこと。その結果として、3階級の降格、部長から主任へ。部下が上司になり、指示を受ける立場に。年収も大幅に減少。何より、社内のメンバーからの信頼を失い、疑念と同情の入り混じった目で見られるようになった。究極に居心地が悪かった。

不正をした自覚はない。当時は憤慨したし、経営陣を恨んだ。しかし、今振り返ると、脇が甘かったのだろうと思う。世の中とは、中小企業とはそういうものである。何ら不思議な出来事ではない。よく耳にする話であり、普通に起こりうること。そして、その会社を選んで20年もの間、違和感を覚えながらも働き続けてきたのは他の誰でもない、自分だった。

このことは妻にも伝えていた。とにかく、このまま勤め続けることはストレスが大きすぎる。それに、これからもいつどうなるか？　わからない。ずっと居続けることはできない。この考えには妻も同意してくれていた。

「転職は真剣に考えている」「家族のために、勝負したい」「死ぬ気で挑戦したい」

そう伝えると、妻はしぶしぶガイダンスへの参加を承諾してくれた。ガイダンスは、転職者向けに成功者となった役員が夢を語り、士気を上げる自己啓発系のセミナーのような内容。心を動かすような動画もあり、これから再起に挑戦しようとしているわたしにもそれなりに響くものだった。帰りの車内で、わたしの方から口を開く。

「どうだった？」

「うーん、わかんない」

「やりたいんだったら、良いんじゃない？　ちゃんと生活費は入れてよね」

そうだよな……。ここまでは、予定通り。そして予想通りの反応だった。しかし、妻が発した次の言葉によって、この日が忘れられないターニングデイになる。

「まあ、これまで貯めてきたお金もあるしね」

「んん……」

とんでもなく、心がざわつく。今しかないのではないか？　これ以上、家族を欺くのか？　自分を欺くのか？

「……実はさ、貯めたきたお金、もう無いんだ……」

時は1年前にさかのぼる。41歳になったわたしは、将来に不安を抱えていた。いや、今に始まった話ではない。大学を卒業したわたしは22歳で社会に出た。地元の中小企業で店舗開発の仕事に就き、コミュニケーション能力にコンプレックスがあったのに、コミュニケーション能力が必須となる営業部に配属された。大きなストレスを抱えながらも、それなりの努力をして少しずつ仕事に慣れていく。そして、気がつけばあっという間に40代になっていた。これは決して大袈裟な話ではない。目の前に次々と発生する大量のタスクに忙殺され、思考停止したまま、流され漂い続けた。朝6時から夜中の26時まで毎日毎晩仕事をしていたら、あっという間に20年近くの歳月が経ってしまっていた。終身雇用などない。退職金もない。そもそも、こんなハードな働き方をしていたら、いつか倒れる。実際に、自律神経が失調して2回、救急車のお世話になった。

40代になると、目や肩の不調が始まり、体力も少しずつ落ちていくことを明からさまに感じるようになる。そして、人生に焦りだす。仕事は上手くできるようになっていた。一方で、間違いなく不安を抱えているはずの将来に向けては、何も行動することができていない。文字通り、1ミリも動けていなかった。会社では、部長まで昇格し、大勢の社員を動かせるようになっていたわたしは、少しばかりの時間の余裕、お金の余裕、心の余裕を手にしていた。

そして、たまたま読んだ本をきっかけに、株式投資を始める。仕事ばかりしていて、現場での経験値は貯まっていたが、本を読む時間はない。いや、あっても本を読もうなどと思わなかっただろう。20代、30代の20年間で読んだ本は、ほんの数冊程度。あまりにも知識がなかったわたしは、ここからの1年間で、見事にお金を溶かしていく。小さく勝っては大きく負ける。これを繰り返すうちに金銭感覚が麻痺。取り返さないといけない。そんな感情に支配され、ついには財形で貯めたお金を解約し、つぎ込む。気がついたら、損失は700万円を超えていた。妻にはとても言えなかった。内緒にしている間に何とかして取り返せば、問題はない。典型的な失敗者の思考に支配されていた。

そして案の定、損失は取り返せなかった。決まっていたかのように、どんどんお金を失っていく。そう、転職の理由は、会社での失墜だけではなかった。わたしは株で失敗したことを妻に明かすことができていなかった。もうこれ以上、隠すことはできない。今、話さないと取り返しがつかなくなる。人は、ここまで追い詰められないと、決心することができないのだろう。

その晩、わたしは全てを明かした。翌日、残っていたお金は全て妻の管理下に置かれた。当然のことだ。むしろ、安心した。自分が持っていたら、どうなるかわからない。そんな所まで堕ちていた。その日からは、わたしのやることなすこと、全てを疑われるようになる。家族のためであろうが、何であろうが、

「また、変なことやっているんじゃないの？」

この言葉で心をえぐられる。言い返す言葉は、もう持ち合わせてはいなかった。このように、42歳だったわたしはこの日、

お金
家族の信用
会社での信用

それまでコツコツ貯めてきたもの全てを失った。いや、そうではない。それらはもう、とっくに失っていたものだった。やっと、本来の姿を明かすことができたというのが正しい表現だ。出社する日はとにかくストレス。同僚がランチに出かけても、一緒には行けない。42歳のサラリーマン、ランチに行くお金がない。わたしはオフィスの隅っこで前日残ったご飯を自分で握っ

たおにぎり、納豆1パック、そしてインスタントのお味噌汁をすすってお昼休みをやり過ごす。会社へは、自動車通勤。片道20分ほど。帰りの道中、必ず吐き気をもよおす。ひどい時は、途中で駐車して収まるまで待った。

この世界にいる全ての人から責められている気がする。それも仕方ない。それだけのことをしたのだから。そんなふうに考えるようになっていった。こんなに辛いのなら、逃げてしまえば良いのではないか？　自ら死を選ぶ人は、こういう風に考えるのだろうな。そう思うたびに、生あたたかい涙が頬をつたう。そんなとき脳裏をよぎるのは、子供達のこと、妻のこと、両親のこと。子供達はまだ幼い。妻は、こんなわたしに呆れてはいるものの、見捨てずに気にかけてくれている。両親の面倒も見ていかないといけない。そして、何より悔しい。このまま終わるなんて、あまりにも悔しい。

いつか、見返してやりたい……。

この日から、3年後、わたしは23年間勤めた会社を円満退社しました。結局、転職はしませんでした。わたしは今、早起きです。毎朝4時半に起床します。今日も、やりたいことだけをして過ごせる。なんて幸せなのでしょう。毎朝、これから起こる楽しい出来事に心が躍ります。朝一番に淹れる珈琲の香りで、気持ちはさらにリラックス。家族は寝ています。子供達の寝顔も幸せそう。なるべく音を立てないように、まだ寝ている愛犬のお腹を撫でます。白湯で体をあたためてから、書斎でコラムを書きます。しばらくすると、妻が起床します。

書斎の扉を少し開けておくのは、「おはよう！」の声をかけるため。ちゃんと「おはよう」と優しい口調で返事があります。一通りのルーティンを終えても、まだ朝6時半。毎朝3キロのウォーキングをするようになってから、2年が経ちました。体の調子がすこぶる良くなりました。

毎朝、小鳥のさえずりを聞き、朝の新鮮な空気を吸い込みながら、散歩中のわんこや顔見知りになったご近所さんに挨拶をします。道中、小川に潜んでいる亀を探すのも日課になりました。ときにはアヒルなどに遭遇するのも楽しいです。道端で目にする花は、季節によって様々。時折、足を止めて、花を眺めています。

こんなことをしているのは、小学生のとき以来かもしれません。心はさらにゆったりして、陽の光を浴びた体は活き活きとしてきます。家に帰ると、朝食の香りが漂っています。子供達が起きてきていて朝ごはんを食べています。今朝もみんな、笑顔です。軽く朝食を取って、音声配信と雑用を済ますとわたしの1日の仕事はほぼ終わります。まだ、朝の8時台。あとは、全部自由時間。好きなことだけをして過ごせます。朝早いから、21時半には就寝。毎晩「明日のことが楽しみ」になって、布団に入るのです。

何しろ、「やりたいこと」しかやっていません。毎日が遠足前夜気分とは、こういうことを言うのでしょう。株で失った700万円は翌々年から始めた副業により、わずか半年で取り戻すことができました。

そして、コミュニティ運営と不動産運用を開始。更に、1冊目の著書を出版することができて、わたしは作家になりました。このわずかな期間で、人生は大激変。時間、お金、心、3つの余裕を手に入れ、大勢の好きな人に囲まれ、応援してもらえます。たくさんの人から感謝され、サインや握手を求められるようにまでになりました。今では、新たな家族であるマルチーズとトイプードルのミックス犬、まるくんを迎え入れ、家族と一緒に毎日楽しく、好きな時に好きな人と好きなように過ごしています。

みんな笑顔。自分も笑顔。まさに、最高の生き方を手に入れることができました。「やりたいこと」が「できる」ようになったのです。

人生の研修時代ともいえる20代、30代。20年という長い年月の中でいつのまにか思考停止に陥り「本当は重要ではないのに、重要そうに見えること」いや、むしろ考えるのが面倒だから「緊急で重要なこと」と思い込んでいることばかりやるようになり、消化試合のような人生を送っている人は、過去のわたしだけではないはずです。

「明日、死ぬ」

そう告げられた時、あなたは「我が人生に一片の悔いなし！」と言って、右の拳を突き上げることができますか？　できる人は、本書を読む必要はないので、そっと閉じて自分の人生を全うしてください。

わたしは、過去の自分に対する手紙として、本書を執筆しました。

何となく未来に不安を抱えている
夢や目標がない
自分のことが嫌いになってしまった
何もかも上手くいかない
ただ時間だけが過ぎていく
人生に焦りを感じている

それなのに、行動することができていない。少なくとも、わたしの周りには、過去のわたしのような生き方を続けている人がたくさん存在しています。そんな「やりたいこと」ができなくなっている人にこそ、本書を読んでもらいたいです。あなたには、少なくとも今のわたしのような生き方を実現できるような、具体的なメソッドをお届けします。これこそが、本書のテーマです。

さて、ここまで読んでくれた皆さんは、よくある「どん底」からの逆転劇を描いたヒーローズジャーニーだと思っているかもしれません。しかし、そうではありません。人生はそんなにシンプルにはできていません。人は基本的には変わりません。残念ながら、〇〇をすれば「やりたいこと」が「できる」ようになる。そんな魔法みたいなものは存在しません。

ありがたいことに、わたしは生粋の凡人です。それは、今でも変わりはありません。ただの凡人サラリーマンが「最高の生き方」を手に入れた。毎日「やりたいこと」ができている。この紛れもない事実の裏側を、恥ずかしい部分も含めて全て公開します。

最高の生き方を実現するのに必ず必要なものがあります。答えは至極シンプル。それは「行動」です。「行動」なくして前進することはできません。そして、「行動」するために必要なものは何か？　それこそが「自信」であると、わたしは考えます。

さて、これまでのわたしの人生において、皆さんにご紹介したいエピソードが他にもあります。そのエピソードを紹介することで、読者の皆さんには「**自信の作り方**」そして「**自信の使い方**」を知っていただくことができます。これは、いわば「自信のトリセツ」です。本気で、教科書に加えたいと思える内容です。更には、それらを7つの要素で構成したものを「**人生再起動メソッド**」として組み立てました。

このメソッドを実行することで、あなたは周りの人から応援される様になり、様々なことが上手くいく様になります。仕事、キャリアの悩みは消え、友達、パートナー、親子、同僚、先輩後輩、ありとあらゆる人間関係の悩みまで解消して、人生が驚くほど好転していくでしょう。

キーワードは「**正しく頼る**」です。さて、それでは始めましょう。まずは、もう少し、わたしの「**人生さらけ出し**」にお付き合いください。

Episode

02

成長しない会社員

「お前は本当に雑だな！」

わたしの上司は知恵がよく回り、繊細で営業のスキルに長けていた。そして体育会系で強面、気が立つと言葉が強い。20代から30代前半まで、毎日のように厳しく叱責され続けていた。

当時のわたしは、全く仕事ができなかった。わからなかった。

「お前は雑だ」

何度も何度も言われるが、自分は決して雑ではない。あなたが繊細すぎるのだろう。

小学生時代、中学生時代と何の不自由もなく育った。家は裕福ではないが、貧しいわけでもない。友達もいたし、勉強は好きではないが、全くできないわけでもなかった。高校受験は背伸びせず、安全圏を狙って何なく合格。大学も安全圏、7つ受けて5つ合格。大学生時代も友達に恵まれ、楽しく過ごせた。今思うと、就職活動もかなり適当だった。最初は音楽関連、次に流通系、なんとなく選び、説明会や採用試験を受ける。1999年春に大学を卒業、そして就職。就職氷河期の真っ只中ではあったが、全部で4社から内定通知をもらった。うち、2社は上場企業だったのだが、当時は上場という意味すら知らなかった。最後は、A4の紙に表を書き、年間休日、始業時間、転勤の有無などを書き入れ、転勤が無くて年間休日が多くて、始業時間が遅い地元の中小会社を選んで入社した。

さて、そろそろ、わたしのポンコツぶりが伝わってきたのではないだろうか。このように、ゆるくハードルを下げながら、大きな挑戦をせずに社会人になってしまったわたしには、多くのことが欠如していたのだが、当時はそれにも全く気づいていなかったのだ。これまでほとんど苦労をせず、否定されたことがないことにも当人は自覚がない。

そもそも、幼い頃は「神経質だ」と言われてきた。自分が雑なわけがない。それなのに、いつも「雑だ」と叱責してくる上司のことを恨んでいた。

20年以上経つのに、未だに忘れられないエピソードがある。北海道の北広島市に出張した時のことだ。わたしは店舗開発の仕事をしており、出店候補地を視察するために現地入りしていた。季節は秋だっただろうか、ジャケットの襟があおられて裏返り立つほど、風が強くて寒かったのを覚えている。出店候補地の視察結果を伝えるため、野外で初対面のクライアントに挨拶をする場面だった。名刺交換をしながら

「はじめまして！　よろしくお願いします！」

と発声したその時、わたしは突然大きな声で怒鳴られた。

「なんだ？　馬鹿にしているのか？」

何が起こったのかわからなかった。それまで生きてきて、初対面で挨拶をする時にいきなり怒鳴られたことなどない。怒りが込み上げてくるが、同時に奇々怪々すぎて、どう反応すれば良いのかがまるでわからなかった。怒鳴ったクライアントは、説明してくれた。

「名刺を渡す姿勢、そして挨拶がチャラい」

え？　これまで何十人にも同じように挨拶をしてきたし、名刺の渡し方もマナー研修で習った通りで何も変えてない。確かに寒かったから、姿勢や声が落ち着いていなかったかもしれないが、理解ができない。何と理不尽な……。

後日、このクライアントと夕食を共にする機会があった。お酒も入り、ようやく打ち解けてきたころ、わたしは思い切って口を開いた。どうしても聞きたかった。あまりにも納得がいっていなかったからだ。勇気を出して聞いてみる。

「なぜ、チャラいと思ったのでしょうか？　そんなつもりは全くなかったのですが…」

酒が入り、機嫌も良くなっていたクライアントは優しい口調で教えてくれた。

「そんなことは関係ないのだよ。相手がそう感じたのだから、それが全て。人は第一印象が大切。あなたの名刺の渡し方は決して丁寧で印象の良いものではなかった。軽い感じがした。僕のようにストレートに伝えてくれる人は少ない。悪い印象を持たれてしまったら大きく損をする。だから、あえて少し意地悪な言い方をしたんだよ」

わたしはまだ納得がいかない顔をしていたのだと思う。そりゃそうだ。身に覚えがないのだから。クライアントは言葉を続けた。

「あなたは、もう少し自分のことを否定した方がいいかもしれないね。人は自分が全て正しいと思っていると成長しないんだよ。そういう癖がつくと人生では苦労することになるよ」

その時、わたしはいつも上司から言われていた言葉を思い出した。

「お前は雑だ」

それ以来、名刺交換をする時には、毎回のようにこのクライアントの言葉を思い出した。わたしは明らかに以前よりも丁寧な挨拶をするようになったし、慎重に振る舞うようになった。以後、第一印象で失敗をしたことは一度もない。

北海道の出張から帰ったわたしは、Ａ４の紙を２つに折り、太字のペンを取り「全部自分が悪いと思え」「自己否定」と大きく書いて、透明なデスクマットの下に挟み、いつでも目に入るようにした。

それからは、どんなことが起こっても自分のことを否定した。この時、わたしは自責思考という概念を知った。自責思考とは、物事がうまくいかなかったり問題が発生したりしたときに、自分自身に原因があったのではないかと考える思考方法だ。自分を責めると書くので、少しネガティブで重い雰囲気を感じる人もいるかもしれない。しかし、これは前向きな思考だ。これを持つだけで、自分の成長につながる課題を見つけやすくなる。自分の非を認めたくないからと、自己正当化をする必要がなくなる。

相手の言っていることがどれだけ理不尽に聞こえても、実際には起こったことが自分の責任でなくても、そんなのは関係ない。それからは、強く指摘されたり、叱責された時に「ありがとうございます」という言葉が自然と出るようになった。これは、わざわざ感情を揺らしてまで、自分に関わってくれて、成長させてもらえることに対する感謝の言葉だ。この気づきをきっかけに、わたしは成長できるようになった。

課題が見つかれば、人は成長できる。わたしの人生において、とても大きな気づきだった。上司とクライアントにはとても感謝している。

Episode 03

気が利かなくて、できないやつ

朝、通勤中の車内で携帯電話が鳴った。自然と手のひらが汗ばむ。嫌な予感しかしない。こんな時はいつも、3秒ほど現実逃避する。色んな言い訳を考えながら、覚悟を決め、電話に出る。

「あ、もしもし」

「おい！　お前いい加減にしろよ！」

わたしが電話を取ると、上司は言葉を被せるように怒鳴ってきた。それから数日、わたしは口を利いてもらえなかった。

「明日、8時台の京都行き、禁煙窓際で」

当時、新幹線の切符は駅でしか購入できなかった。

上司からの指示を受けて、わたしは駅に向かう。

「おお、ありがとうな！」

任務完了、切符を渡すと上司は機嫌が良さそうだった。よしよし、今日は上手くいった。しかし翌日の朝、電話が鳴った。まさか、お礼の電話なんてあり得ない。上司から電話がある時は、ほとんどの場合、悪い知らせだ。案の定、冒頭の通り怒鳴られた。

実は、わたしが駅で問い合わせをした際、すでに禁煙席は売り切れていた。

だが、翌朝8時台で京都へ向かわないと予定に間に合わないということは知っている。喫煙席だって残りわずかだ。わたしは、気を利かせたつもりで急いで喫煙席を購入した。今、考えると恐ろしい。上司の指示通りにできない障害が発生したのに、何の報告も相談もなしで自己判断。さらに、事後報告もしていない。もちろん、何の悪気もなかったのだが、それが最も恐ろしい。上司は新幹線に乗り込んでみてビックリ。タバコを吸わない上司がモクモク煙る車内での移動だ。それはそれはイライラしたであろう。

そう、わたしというやつは、このくらい気の利かないやつだったのだ。今ならもちろんわかる。入社したばかりの頃だとしても、これはひどい。わたしが20代のころの世間は、まだ昭和の香りが残っていた。飲みの席では、そこにいる同僚や後輩たちが眼を光らせて、上司やクライアントのグラスが空くのを虎視眈々と狙う。

「次は、何を召し上がりますか？」

よし、手柄だ！と言わんばかりに競って声を掛けるのだ。そういう空気には、はっきりいって興醒めしていた。これは、わたしが仕事で全く成果を挙げることができなかった頃の話である。人前で話すのが苦手なのに、営業職に就いた。だから、営業が苦手なのは仕方がない。と、自分では思っていたが、実はそうではなかった。わたしは究極に気が利かなかったのだ。

そして、この頃のわたしは更に大きな問題を抱えていた。商談では、自分の伝えたいことだけを伝える。電話を掛けるのは、自分の都合で要件がある時だけ。必死に商品の説明をして、とにかく売ることしか考えていなかった。勤めていた会社は、営業数字至上主義。毎月、営業マン各自にはノルマがあり、達成すると報奨金も出て賞賛されるが、未達成だと吊し上げられる。月初に開催される全体会議は地獄だった。目標数字を持った営業マン、店舗責任者、そして社長を含めた全役員が出席。未達成だと、出席者全員から非難と叱責の集中砲火を受ける。

会議は、毎回午後一番から開始。その日は、同僚たちと開催場所近くの飲食店でハンバーグのランチを食べるのが恒例だったが、毎回のようにまるで葬式のような雰囲気だった。とにかく、会議が恐ろしい。食事が喉を通らない。更に毎週一回、営業マンだけが集まる営業ミーティングがある。進捗を発表するのだが、そこでも詰められる。

「今の目処は？　先月の凹みはどうするんだ？」

こんな環境だったのにも関わらず、こともあろうか、当時、わたしは12ヶ月連続ノルマ未達という、前代未聞の大記録を打ち立ててしまう。本当に酷かった。23年間、この会社に在籍したのだが、先にも後にも、こんなにも長期間に渡りノルマを達成できなかったのはわたし一人だけだ。最初のうちは、叱られていたのだが、未達があまりに続くので、だんだん相手にもされなくなっていく。

発言をしても無視される。もはや「できないやつ」の代名詞。人ではなく物扱いだった。恐ろしいことに、人は慣れる。1年もこんな状況が続くと、目標未達も当たり前、怒られたり、相手にされないのも当たり前になってくる。感覚は麻痺していった。

しかし、そんなある日、転機が訪れる。1年間、目標未達が続いたわたしは、社長宅に呼ばれた。そして、やたらと豪華な食事をご馳走になりながら、穏やかな口調で降格と減給を告げられたのだ。

主任から主任補佐へ降格。給料はけっこう減った。まあ、当然だろう。この時ばかりは、ここまで我慢してくれた会社に感謝の気持ちさえ持っていた。……はずだった。

が、実際にはけっこうこたえた。これは降格や減給を体験した人でしかわからないかもしれない。何かこう、それまでの仕事を全て否定されたかのように寂しい気持ちになった。とにかく悔しかった。帰りの車の中で目頭が熱くなったのを覚えている。

翌日、直属の上司が珍しく声を掛けてくれた。社長から話を聞いたのだろう。この時の上司は優しかった。

「自分のことなんて、どうだっていいんだよ。全部、後回しでいい」

「相手のことだけを考えろ」

「相手の喜ぶことを真剣に考えるんだ。それだけでいい」

たったこれだけの言葉を丁寧に伝えてくれた。いや、オレは一生懸命やっているはずだ。毎日、足りないところを探して改善にも努めている。自分のことばかりなんて考えていない。

それなのに、物事は好転しなかったんだ。何が悪いのか？　わからない。いつもなら、ここで諦めるところだったが、いつになく優しい伝え方をしてくれた上司の言葉が深く心に残っていた。

いや、ちょっと待てよ。今は理解ができない。それに腑に落ちていない。それでも結果が出ていないのは紛れもない事実だった。それも、1年間もの長い期間だ。一回、認めてみよう。言われたその通りにしてみよう。それでも結果が好転しないのなら、その時また、相談すればいい。

自分のことは後回しにする。

相手の喜ぶことだけを真剣に考える。

とにかく、この2点を反芻して徹底した。自分の考えを全て疑った。自己否定が成長につながるということを身を持って体験したんだ。今回もきっと良い気づきがあるはずだ。結果はびっくりするくらいに、すぐに出た。

わたしは、電話をする時、商談をする時、資料の準備をする時、話を聞く時、全てにおいて自分の都合を先に考えていた。それに気づくことすらできていなかったのだ。確かに、わたしは自分のことしか考えていなかった。そして、それは全て相手に伝わっていたのだろう。もちろん、言葉では伝えていない。しかし、行動や仕草は言葉より雄弁なのだ。

この日から、行動を変えてみた。自分は後回しだ。とにかく相手の様子を伺い、喜んでくれることを全部やった。相手の気持ちを考え「何を求めているのか?」を察知できるように全神経を集中させた。そうか、飲みの席でのみんなの行動も同じだ。相手を喜ばせれば勝ちなんだ。新幹線の席のことだって、買うことだけが目的ではない。上司が求めていたのは状況の報告と、判断を伺うことだったんだ。結果、喫煙席に座ることになっても、それなら機嫌は良かったはずだ。営業は、物を売らずに自分を売る。何回も何回も目にしたフレーズだったではないか。

そういうことか…。全てが繋がっていった。最初はぎこちなかっただろうと思う。ごますりにも見えたかもしれない。しかし、わたしの内面には確かな感触があった。それは、相手が喜んでくれている感覚だった。そして、相手が喜んでくれていると思うだけで、自分が嬉しい気持ちになっていることにも気づいた。もっともっと、相手を喜ばせたいと思うようになった。

翌月くらいからだっただろうか、わたしは営業目標を達成できるようになっていた。それ以来、会議で詰められることはほとんどなくなった。驚くべきことに、この気づきは仕事だけではなく、家族や友達、パートナーとの人間関係にも良い影響を与えるようになった。わたしは自分にばかりベクトルを向けていたのだ。そして、カッコつけていた。なんてカッコ悪いやつだったのだろう。自分が犠牲になっても、相手が喜んでくれたらそれでいいじゃないか。その方が気持ちが良いし、心が温かくなる。何より、色々なことが上手くいくようになる。

誰もが知っていることなのかもしれない。しかし、20代の頃のわたしは、こんなことにも気づいていなかったのだ。お恥ずかしい話ではあるが、きっと同じようなことで悩んでいる人も多いはず。だから、なるべく多くの人に伝えたい。

まだまだ、わたしのさらけ出し話は続く。

Episode
04
26歳の逆境

「実は、お父さんがさ、枕だけ持ってどこかへ行ってしまって、帰ってきてないの…」

「え？　中国への出張じゃなかったの？」

その日、母親の口からはじめて詳しい事情を聞いた。そして、言葉を失うほどの「とんでもない事実」が明らかになった。

大学生までは、不自由なく育った。大きな挫折も味わったことがなかった。そんなわたしが人生で初めて大きな逆境にぶつかる。これは社会人としての生活に少し慣れてきた、26歳の頃の話だ。

高校受験の時には、将来の夢など持っていなかった。音楽が好きだったから、音楽で食っていけたらいいな。特に学ぶわけでも、努力するわけでもなく、単に何となくそう思っていただけ。まだ就職はしたくないし、大学には行った方がいいのだろう。両親は2人とも、高卒。よし、オレは大学へ行こう。そして、偏差値が中の中くらいの普通科高校へ進学。ランクを下げたから、入試での点数は学年で10位くらいだったと思う。高校3年生になり、いよいよ進路を決める。この頃から、少しずつ両親の会話に違和感を覚え始めていた。

我が家は一軒家だった。わたしが小学5年生の時に父がローンで購入した。決して広くはなかったが、新築の頃は木材の良い香りがしたし、部屋を与えられたわたしは、居心地よく暮らしていた。両親とわたしの寝室は隣だった。夜中、わたしがベッドで寝ていると、隣の部屋からボソボソと声が聞こえてくる。はっきりとは聞こえないが、不穏な空気を感じていた。どうやら、両親がお金の話をしているようだ。受験への不安もある、それなりに思春期だったわたしは「大人の話は聞かない方が良い」と思って、いつも耳を塞いで無理矢理にでも聞かないようにしていた。この頃から母親は少しずつ、わたしにもお金のことを話すようになった。

「住宅ローンの金利が上がって、大変なの」

当時のわたしは、そう言われればそうなのだろうと思い、大きな問題だとは感じていなかった。電気や水道を節約して、できる範囲で協力しようとした。最初は国立大学を目指したが、受験に必須科目となる数学がどうしても苦手で断念。決して偏差値は高くない5つの私立大学で、計7つの学科を受験。5つ合格することができた。

大学に入学すると、すぐにアルバイトを始めた。「定期代（交通費）は自分で稼いでね」と言われていたからだ。実は、大学も入学金や学費が最も安いところを選んだ。何となく、お金に困っている様子を察していた中で、受験費用や学費を工面してくれた両親には感謝していたからだ。そして、何とか大学を4年で卒業し、就職した。

社会人になり給料をもらうようになってからは、学費の分として少しずつ両親へお金を渡すようになった。たぶん余裕がないのだろうから。時間がかかっても、4年分の学費を全額返していこうと考えていた。そして、社会人になってからしばらくした頃、ショッキングな事件が起こる。

ある日、銀行通帳の記帳を行うと、見覚えのない引き落としを見つけたのだ。3万円くらいだったと思う。その銀行口座の暗証番号を知っているのは2人だけ。わたしと母親だ。胸がもやもやしてくる。いや、どろどろとしてきていた。どうか、間違いであってほしい。休日、母親と2人になったタイミングで我慢できずに切り出した。

「あのさ、通帳から勝手にお金引き出したよね？」

母は無言だった。時が止まった。わたしの胸のもやもやは、ムカムカに変わっていく。こんな感情は生まれて初めてだった。湿度の高い季節だった。畳の匂いが鼻につく。

「ごめんね」

一言だけ、母は声を発した。その時の母の顔は忘れることができない。今なお、脳裏に焼き付いている。たぶん、一生忘れることはできないだろうと思う。深く悲しみに満ちているようで、冷徹な表情。怒りも悲しみも何もかもを通り越して、覚悟を決めたような顔だった。

わたしはその時、全てを察したように思った。そして、母親を激しく責めた。後にも先にも、声を荒げて母親を責めたのはあの時一回限りだ。涙が溢れる。

「何で相談してくれなかったんだよ！」

オレだって大人になったんだ。社会人になったんだ。給料だってもらっている。お金が足りないのなら、言ってくれればいい。何でだよ。

しばらく、涙が止まらなかった。母は最後まで泣かなかった。わたしは暗証番号を変えて、通帳もカードも両親が知らない場所に隠すようになった。信用していないわけではない。今だって信じている。きっと魔が差しただけなんだ。何かあったら、お金を渡すから、絶対に言ってほしい。そう伝えた。

それからは、まめに声をかけて、定期的に母へお金を渡すようになった。しばらくすると、返金がある。お金のことで苦しんでいる。それはわかっていたが、詳しいことは聞いても誤魔化されて、話してくれない。そんな状況が続いていたある日。遂に全貌が明らかになるきっかけとなった、大きな事件が起こる。

父はアパレル系の会社に勤めていた。何度か転職をしていたが、それなりの給料はもらっていたのだと思う。当時、中国はコストが格安の時代。繊維の加工業だった父の会社も、中国に工場を持っており、1週間ほどの出張を繰り返していた。わたしも仕事で残業や休日出勤などの時間外労働が多く、同じ屋根の下で暮らしているものの、すれ違いが多かったが、それでも違和感を覚えたくらいだ。

「あれ、最近お父さん帰ってきていないね。また、中国？」

「そうよ」

「いつ帰ってくるの？」

「もうそろそろじゃない？」

「ふーん」

そして、数日経ったある日、神妙な表情をした母から声を掛けられた。すぐに不穏なことが起こったとわかった。食卓の椅子に対面で座って、話が始まる。

「何となく、わかっていると思うのだけど、うちにはお金が足りていないの」

「そうだよね。どうしたの？」

それから30分くらいだろうか。わたしは母の話を真剣に聞いた。とんでもない話だった。両親は消費者金融で多額の借金をしていた。返済が追いつかない状況が長らく続いており、利息を支払うために、新たな借金を繰り返し、もはや、総額もわからなくなっているとのことだ。父も母もそれぞれ、借金がある。自分たちの限度額はとっくに超えており、親戚や知り合いからもお金を借りている。聞けば聞くほど最悪な状況が見えてくる。

そういえば、こんなことがあった。

ピンポーン

わたしが独りで自宅にいた時、チャイムが鳴った。玄関を開けると、一時期、家族ぐるみの付き合いをしていた後輩の母親が立っていた。

「あんたのお母さんのおかげで、酷い目にあってるのよ！」

「知ってるんでしょ？」

「うちのお父さんにも怒られて大変だったんだから！」

母を尋ねてきたようだったが、不在であることを伝えると、せきを切ったように、けっこうな勢いで詰め寄られた。

「いや、知らないです」

「そうなの……。だったらこのことはお母さんには黙っておいて」

どうしたら良いのか、わからなかった。母には、来客があって不在を伝えたら帰ったことだけを伝えた。これまでの出来事、その全てが繋がっていった。

小学生の頃、週末になると両親はわたしと3つ下の妹を毎週のようにデパートに連れていった。わたしと妹は、500円か1000円、それぞれがお小遣いをもらって、おもちゃ売り場やゲームコーナーがあるフロアに置いていかれた。数時間後、両親が戻ってくる。機嫌が良いとおもちゃを買ってくれたりする。それなりに楽しかった。ある日、両親はその時間にパチンコに行っていることを知った。パチンコが趣味なんだな。それくらいの感覚だった。大学生になった頃、一緒にパチンコに行ったこともある。

「お前はパチンコやらない方がいいよ」

母親からはいつもそう言われていた気がする。両親は、わたしが高校生くらいの頃から、パチンコに狂うようになっていたのだ。軍資金が足りなくなると、消費者金融でお金を借りるようになったとのこと。最初は少額から。そして、その負債は少しずつ大きくなり、金銭感覚が麻痺していく。大学受験の時や、在学中の学費は公庫の学資ローンを使ったり、祖父母、親戚に頭を下げて工面してくれた。遂には友人にまで借入をするようになった。

そして、父親の話。実は、これまでにも数回失踪しており、その度、自ら命を断とうとしたらしい。そして、今回も枕だけを持って失踪。これまでよりも長い期間、帰ってきていない。

出社していないという会社からの連絡を受けて、ようやく母親が切り出したという流れだ。なんで、今まで黙っていたのか。どうして、ここまで一人で抱えていられるのか。これが最初に感じたことだった。不思議なことに、この時のわたしは信じられないくらい冷静だった。

まず、父親の携帯電話へ電話を掛けた。出ない。

「話は聞いたよ。大丈夫だから帰ってきて。無事であればそれでいい。お願いだから帰ってきて。オレがなんとかするから大丈夫」

こんなメッセージを送った。そして、すぐに弁護士事務所を調べて、相談できるところを探した。詳しい知識があったわけではないが、法的に精算するしかないことはわかっていた。

その晩、父は帰ってきた。この時は、心底ほっとした。そして、家族で話し合った。とにかく、自分がしっかりしないと、この家族はどうにかなってしまう。この家にも住めなくなる。一刻を争っていた。仕事の合間に時間を作って、両親2人を連れて弁護士の事務所に向かった。

季節は梅雨だった。小雨がぱらつく中、キシキシと音を立てる金属製の錆くさい外階段を上がり、入口の重々しい扉を前にする。両親の顔を見て、覚悟を決めた。26歳のわたしが、弁護士と冷静に話をすることができるだろうか？　そんな不安を抱えている場合ではなかった。扉を開くといかにも弁護士っぽい、神経質そうなスーツの男が1人で出迎えてくれた。対面すると、優しい笑顔。少しだけほっとしたことを覚えている。

それから、詳しい話があり、両親はそれぞれ法的な精算処理を行うことになった。弁護士の話では、母親が自己破産、父親が民事再生をすることで、自宅は残すことができそうということ。わたしは自分の貯金から、すぐに着手金を振り込んだ。この話、実は、まだ底までたどり着いていない。この後、新たな事実が判明する。

弁護士からの通知により、借金の督促は全てストップするはずだった。しかし、そうではなかったのだ。両親が申し訳なさそうに口を開く。他人名義の借金があった。しかも、複数の消費者金融からだ。一部は、わたしの貯金で一括返済したが、それでも負債の残は300万円以上あったと思う。利息の支払いだけで、毎月3万円以上だった。

ため息しか出なかった。当時のわたしには、もう300万円を支払うだけの貯蓄が残っていなかった。銀行から借りようと相談にも行ったが、門前払いだった。

この時、妹はすでに家を出ていて、この事実を知らない。気弱なところがある妹に頼るわけには行かない。信用したいが、正常な精神状態ではないであろう両親にお金を渡すこともできない。

わたしは、負債が残ったA社とP社へ毎月、支払いをするために自ら足を運ぶことにした。こんなこと、誰にも相談できない。それに万が一、誰かに見られたら……。毎回、夜中の人気《ひとけ》がない時間帯に、少し離れた場所に車を止めて、足早に支払い手続きをした。自分の口座からは毎月3万円が消えていく。誰にも言えない。本当に苦痛だった。屈辱だった。この時、わたしは人生ではじめての深い挫折を感じていた。

気がかりなことがあった。わたしには当時、交際している彼女がいた。すでに7年の付き合いだ。結婚のことも真剣に考えている。しかし、このお金の問題を明かすことはできていなかった。両親は精算処理中。自分も消費者金融に毎月返済をする身だ。もうこれ以上、隠していることはできない。

虫が鳴く、秋だった。朝晩は肌寒くなっていた。ある晩、わたしは彼女に全てを明かした。

我慢できなかった。わんわん泣きながら話した。子供が泣きじゃくるように、声を出して泣いた。人前で大泣きしたのは、この時が最初だ。彼女は優しく受け止めてくれた。

「教えてくれてありがとう」

「わたしが立て替えるね」

「え?」

「だって、毎月返済しても減らないんでしょ？」

「わたしに返してくれれば、減るじゃん！」

何ということだろうか。こんなことをしてもらって良いのだろうか。彼女はすぐにお金を準備してくれた。その日のうちに全ての負債を返済。カードを破り捨てたと同時に、大きなストレスも消えた。何の躊躇もなく、大金を渡してくれた彼女には感謝してもしきれない。生活費、飲み会、娯楽を削り、賞与は全部返済に当てて、2年ほどで返し終えた。

その時の彼女は、現在の妻である。両親の法的な手続きが済み、わたしも妹も結婚して、それぞれ子供が生まれた。色々あったが、両親ともにに4人の孫たちをとても可愛がってくれるし、一緒に食事をする機会も増えた。何かあれば、相談してくれるし、頼ってくれるようにもなった。家族揃って幸せに暮らせていると思う。最近では、両親と一緒にお酒を酌み交わしながら過去の話をすることもある。父のことも、母のことも、大切だし、大好きだ。これまで、2人のことを恨んだことは一度もない。

この「人生で初めての逆境」からは多くのことを学んだ。人生は予期せぬことが起こる。とんでもない状況も、諦めなければ好転させられる。人は覚悟を決めると強い。

ギャンブルはやらない方が良い。この時の経験は、その後の人生において、大きな教訓になった。しかし前述した通り、この出来事から15年後、41歳になったわたしは株式投資で700万円の損失を出してしまう。血は争えない。それに人は忘れる。妻は、株の話を聞いた時、そう思ったに違いない。

そして、わたしは自分の弱点を本当の意味で知った。ここまで、人の本質は変わらないのだ。重ねて、妻には本当に感謝しかない。

なぜ、こんな重い話を本書に書いたのか？　それは、このエピソードにより、わたしが「**正しく頼る**」ことを身をもって体験したからだ。

両親はあの時、わたしに正しく頼った。そして、わたしは当時の彼女に正しく頼った。そのおかげで、大きな問題を解決することができたのだ。さらには、35歳の時には会社の同僚たちを頼ることができたし、SNSでの発信を始め、コミュニティを作っても新しく出会った仲間たちを頼ることができている。

正しく頼る。これこそが、自信の作り方、そして人生再起動メソッドの最重要キーワードである。

Episode 05

35歳のどん底

サラリーマン時代、仲良くしていた後輩がいた。歳は3つ下だったと思う。仕事では多くの場面で関わっていたこともあり、お互いによく相談しあっていたし、プライベートでも一緒にジムに行ったり、2人で飲みにいくことも多かった。彼からは多くの影響を受けた。レーシックの手術を受けたり、ウィスキーが好きになったのも彼がきっかけだった。弟分のようで可愛げがあり、破天荒で、だらしない。交通違反をして免停になってしまい、わたしが毎朝車で迎えに行っていたこともある。寝坊して遅れてくることも多々あった。先輩がわざわざ迎えに行っているのに、家に到着して電話すると、まだ寝ていたりするのである。

そんな彼にわたしは嫉妬することもあった。だらしがないのに、仕事の成果を挙げてくるのだ。クライアントから可愛がられる。上司からも可愛がられる。同僚からも可愛がられる。わたしは、楽観的な性格ではあるが、必要以上に真面目なところもある。決められたルールを守るのは当たり前。守らないと気持ちが悪い。営業マンは外出すると、割と自由だ。どのように時間を使おうが、誰にもわからない。会社が成果主義だったこともあり、成果さえ出していれば外で寝ていてもいい。当時は、社長や上司がそう公言していた。ランチに行った後、次の商談までに時間があれば、だらだらと雑誌を読みながらくつろいでいたって構わない。わたしは、生真面目な学生時代を過ごしたからか、そういうことができなかった。

後輩はとてもゆるくてだらしない。それなのに、人から慕われる。可愛げがあるからなのか、仕事を手伝ってもらえることが多い。一方でわたしは、誰からも手伝ってもらえない。人を巻き込むことができなかったのだ。

この明白な事実は、だんだんとコンプレックスになっていく。何しろ、わたし自身も彼を可愛がっていた。そのうち、わたしと後輩は、それぞれチー

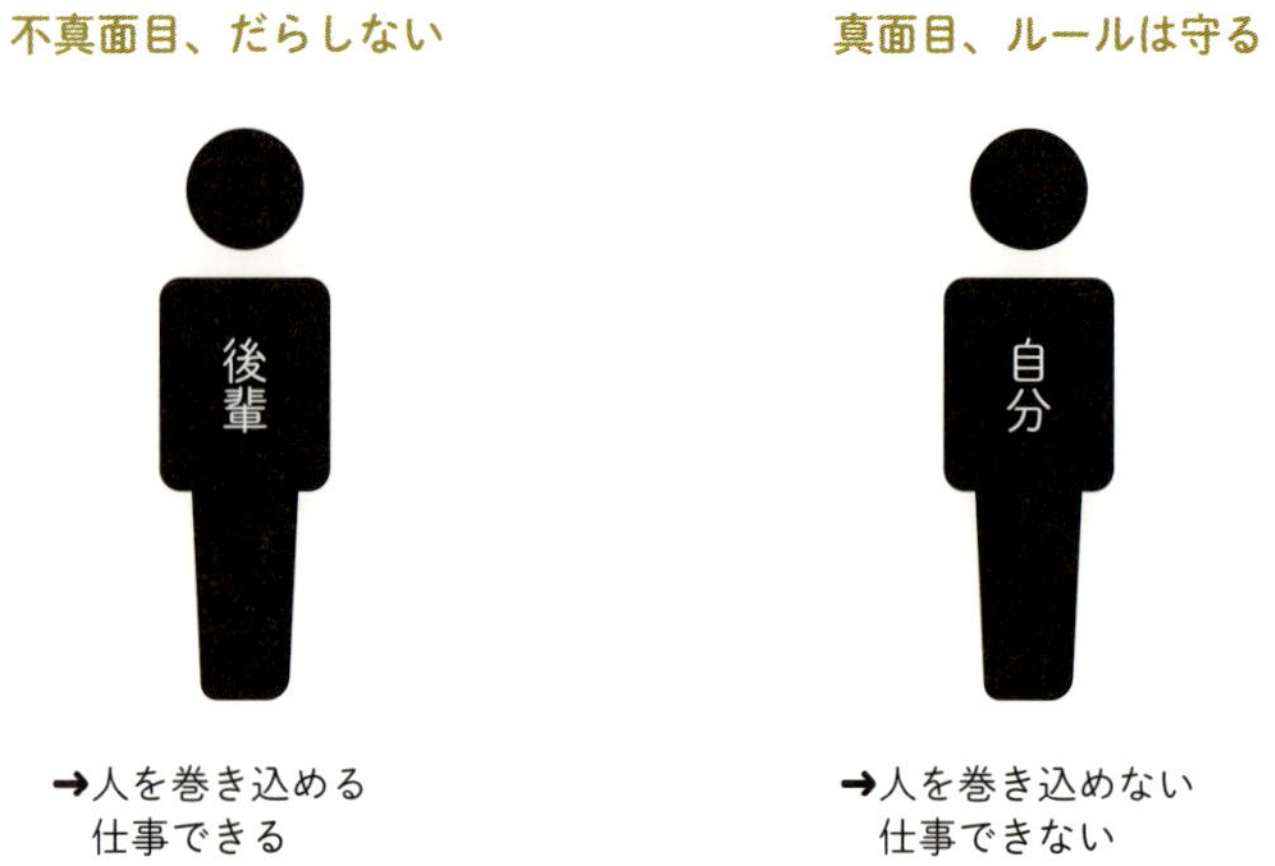

ムを率いるようになる。同じ営業部ではあるが、仕事内容が異なっており、違うチームの責任者となっていた。

そして、時が経つにつれて役職にも差がなくなり、ついには収入を追い抜かれたこともあった。相変わらず、仲良くはしていたが、内心はとても悔しかった。後輩は結果を出している。自分はこんなにも努力をしているのに、結果や評価に繋がらない。役職が上がっていくにつれて、プレイヤーとしてのノルマは大きくなっていく。さらに、責任者としての管理やチームメイトの指導なども職務に加わる。
わたしは毎日遅くまで残業していた。一方、後輩は定時きっかりで帰ることが多い。自分の方が、労働時間が圧倒的に長い。真面目に努力しているのに、状況は好転していかない。後輩はひょうひょうと結果を出していく。そんな状況が続いていた。そして、35歳になった時、大きな転機となる出来事が起こる。

「救急車呼んでほしい……」

過労状態が続いていることはわかっていた。休みはおろか、睡眠も取れていないのに、働き続けていた。ストレスは大きく抱えきれなくなり、胃腸の調子を崩し、蕁麻疹が頻繁に出るようになっていたのだ。それでも、休むことができない。いや、できないと思い込んでいた。夜中に目が覚め、胃のあたりがムカムカする。何だか寒気がした。そうかと思うと、首のあたりが熱くなる。息苦しい。血圧を測ると、とても高い。不安になり、呼吸が乱れる。

脈を取ると、ひどい不整脈だった。過呼吸で視界がかすれてくる。このままでは危ないと感じたわたしは、妻を起こして救急車を呼んでもらった。

病院に搬送されて、点滴や注射の処置をしてもらうとしばらくしておさまった。自律神経が乱れて起こった発作。ストレスと過労が原因であることは間違いなかった。今のような働き方を続けていたら、いつか倒れる。取り返しのつかないことになるかもしれない。社会人になって13年。無理をし続けてきたが、真剣に考えないと危険。生まれてはじめて「死」を意識した瞬間だった。

それでも翌日、わたしは何もなかったかのように出社する。しかし、意識は大きく変わっていた。死を垣間見たわたしは、真剣に考える。なぜ、自分はここまで仕事量が多いのか。当時の役職は課長。会社には、人がいないわけではない。しかし、それぞれが多くの仕事を抱えていて四苦八苦しているように見えていた。

店舗開発の仕事をしていたわたしは、常にマルチタスク。5店舗を超える新規出店を、同時進行し、各種手配や打ち合わせ、商談、融資用の資料作成、商品の仕入れ、データ入力、見積もりの作成などを全部自分で行っていた。さらに同じことをしているチームメンバーの面倒をみている。常に納期に追われ、クライアントからの連絡に対応していると時間がどんどん過ぎていく。全てが後手後手になっていて、とても効率が悪かった。

しかし、納期が迫っている仕事を、同じく納期に追われているチームメンバーや事務、営業補佐をしてくれる他の社員に振り分けることなどできなかった。上司に相談しても「お前の仕事の仕方が悪い」「できないなら他のメンバーにやらせる」と責められる。これが社会の厳しさなのだろうか。中小企業なのだから、仕方がないのだろうか。

万策尽きていた。だから、自分でやるしかない。そう思い続けてきた。いやいや、今回ばかりはそうも言ってられない。何しろ、このままでは命が危ない。まだまだ幼い子供3人を守っていかないと。

覚悟は決まっていた。わたしは意を決して、事務と営業補佐のメンバーを管理していた女性の同僚に相談することにした。営業至上主義であり実力社会、中小企業でベンチャー企業のようだった会社は、売上と利益という数字での成果を挙げることを最優先している。営業はほぼ男性社員、事務と営業補佐は主に女性社員だったが、女性社員も多くの仕事を抱えている。何しろ、会社はまだまだ成長期なのだ。放っておくと、女性社員もすぐにキャパオーバーで疲弊してしまう。

わたしは女性社員に仕事を依頼することができなかった。権限が無かったわけではない。自分に余裕がないため、納期の迫った仕事ばかりで、依頼することができない。相談することを決めた女性の同僚は、女性社員の母親的な存在で、人望が厚い。営業からの理不尽な依頼や身勝手な雑務は、彼女がガードしていた。

ここで、わたしは「人生ではじめて」**自分の無力さを認め、さらけ出す**ことになる。なんと、泣きながら彼女に相談したのだ。仕事が立て込み過ぎていてどうにもならない。どうにか他の女性社員の力を貸してほしい。負担を増やさないように尽力する。その時の状況を包み隠さず、全て伝えた。全て伝え終えた時、彼女から出た言葉はこれだった。

「**課長がそんなことしている場合じゃないですよね？**」

この言葉は深く、心に刺さった。ぐうの音も出ないとは、こういうことだ。

「**何でもっと早く相談してくれなかったのですか？**」

言葉は続いた。

「**課長には、みんなが安心して仕事ができるように、余裕を持ってフォローや指導をしてもらわないと困ります**」

「これからは、課長にしかできない仕事をしてください」

締めくくりは、この言葉だった。この言葉こそが、その後のわたしの人生を大きく変えることになる。

それまでのわたしは、本来、自分でするべきではない「緊急であるが重要ではない雑務」ばかりやって、自分が最もするべきであるはずの「緊急ではないが重要な仕事」を全くと言ってしていなかった。

これは課長の仕事ぶりとしては、完全に失格だ。この時、わたしは1ヶ月くらいかけて時間を使い、仕事を整理した。全ての仕事を棚卸しして、業務の分担をしていった。手伝ってもらうメンバー、1人ひとりに声をかけて、事情を話し、理解してもらうことに努めた。

そして数ヶ月後、わたしの仕事状況は見違えるように変わった。これまで、できなかったことができるようになった。社内のメンバーが、全員、好意的になり、手伝ってくれるようになったと感じた。

自分しかできないこと。自分が得意なこと。

具体的には、クレーム処理、目標設定、仕組み作り、ルール作り、課題の抽出と改善、同僚や後輩の悩みの解消、仕事が追いついていないメンバーのフォロー、人員配置の判断、新しい取り組みの発案など。これまで、一切できていなかったことができるようになった。いや、するようになったのだ。

驚くべきことに、わたしは自分の無力さを知り、認め、自分の弱さやできないことをさらけ出したことにより、人を巻き込めるようになった。人に仕事を依頼する時には、ルールを設けて、徹底した。

全責任は自分が取る
必ず充分な納期を確保する

丁寧に理解できるまで説明をする
感謝の言葉を忘れない
途中で進捗の確認をする

そして
自分の役割を全うして、皆のために全力を尽くす

これが、最も大切なルールだった。

それまでのわたしは、ノルマを達成しないといけない。成果を上げないといけない。自分の仕事は自分でしなければいけないと、自分の都合しか考えていなかった。

持ち前のクソ真面目な性格が、とにかく決められたルール通りにと、融通の効かない仕事ぶりに繋がり、抱えてはいけない仕事まで抱え、本来の自分の仕事をないがしろにしていたのだ。

正直に告白すると、それまでは同僚やチームメンバーを「大勢の同僚たち」

という無機質な存在としてしか見れていなかった。当たり前の話だが、みんな血の通った人間だ。

どれだけ忙しかろうが、どれだけ余裕がなかろうが、1人ひとりと人として向き合う。弱いところをカバーしてもらって、その分、自分のできることを精一杯全うする。


これを機に、わたしは月に200時間以上していた時間外労働を徐々に減らしていき、精神的な健康、肉体的な健康を取り戻して行った。仕事が楽しくなった。以前は5店舗で後手後手だったのに、10店舗の同時進行でも余裕を持って手がけられるようになった。何より、会社のメンバーとの持ちつ持たれつが成立したことによって、日々、感謝の言葉をもらえるようになった。信頼関係ができて、お互いに承認しあい、貢献しあえるようになった。

自分のことも、信頼できるようになった。充実感を持って、更なる成長や自分らしい行動を取れるようになった。35歳にしてはじめて、本当の意味での「自信」を手にすることができたのだ。

この時、わたしは気づいた。だらしないのに、人を巻き込んで、仕事ができていた後輩。真面目なのに、人を巻き込めず、仕事ができなかった自分。2人の違いは「自分の無力さを認めていたか、否か」だった。

後輩は、自分が1人では何もできないことを知っていた。だから、色んな人に甘えていたし、躊躇せず弱さをさらけ出して手伝ってもらっていた。その代わり、営業では成績をあげていたし、何より人を大切にしていた。

一方でわたしは、何でも自分でやろうと抱え込み、弱さをさらけ出すことができなかった。どこか、優等生ぶろうとしていたのだと思う。それに、自分のことで精一杯になって、一人一人と真剣に向き合ってなかった。今回の話の突破口になった、女性の同僚に相談しようと覚悟を決められたのは、後輩のおかげだ。彼にはあって、自分にはないものは何なのか？　これを考え抜いた末に、気づき、決心できたことだった。

かくして、自信を手に入れたわたしは充実した人生を歩み始めるのだが、本書の冒頭で書いた通り、42歳で再び大きなどん底に陥ってしまう。株式投資の失敗によって…。

35歳で手に入れた自信を使って、自分で人生の舵を取り、積極的に矢面に立ち、行動するようになった。仕事ではどんどん成果が出る。上司からの信頼も手にして、業務はさらに順調だった。

部長に昇進して大きなイベントでは200人以上に指示を出すような立場にもなった。年収も上がっていった。クライアントからは、信頼されて指名を受けるようにもなった。他のメンバーが解決できないクレームを次々と解決した。妻にも、子供達にも、友達にもありのままの自分をさらけ出せるようになり、1人ひとりと向き合った。

人間関係は良くなり、全てが上手くいっていた。

そのタイミングで株式投資を始めたわたしは、1年間であっという間に700万円を溶かした。お金のことで、家族の信用も無くした。更に予想だにしなかった事件により、会社での立場も失ったのだ。積み上げてきたものは、あっけなく崩れ落ちたのである。

この大失墜は「自信の落とし穴」に嵌ったのが原因だ。自信がつき、行動できるようになり、「やりたいこと」ができるようになったことにより、元来持っていた楽観的な性格が発動してしまった。それも、思いっきりネガティブな方向へ。

自信は作るだけではいけなかった。自信には落とし穴があり、その使い方には、注意しないといけないのである。

01 人はなぜ「やりたいこと」ができなくなるのか？

思考停止していた20年間

22歳で社会に出てから42歳までの20年間。わたしはそのほとんどを思考停止状態で過ごしてしまいました。正月休みが終わり、久しぶりに出社した仕事始めの日。その年初めてのミーティングの議題は「将来の夢や目標」についてでした。

「仕事とプライベート。両方、発表してください」

司会者のこの言葉に、わたしは心底困ってしまいました。何しろ、そんなことは考えたことがなかったからです。発表までの時間、考えても考えても全く出てきません。

今月の目標なら簡単でした。毎月、会社から与えられるノルマ（利益の金額だった）があります。そしてこれまでの結果も数字で記録されています。それらを照らし合わせて決めれば良いのですが、今年の目標となると話は別。仕事の方は何となく決まっています。プライベートの方は……うーん。

年末年始は1週間ほど休みがありました。考える時間がなかったなんて言い訳はできません。そういえば、この類の質問にはこれまでも何度か悩まされてきました。20代前半の頃は「欲しい車を買う」「マイホームを建てる」という咄嗟の思いつきで誤魔化してきました。しかし、この時ばかりは、どれだけ考えても自信を持って答えられるような回答は見つかりません。

なぜなら、わたしは**長らく思考停止状態で生きてきた**からです。

命あるものは、いずれ必ず死ぬ
1つの例外もない
時間は限られている

これは誰もがわかっている事実です。それなのにわたしはその限りある時間の使い方を考えず、次々と目の前に現れる「やらないといけないこと」だけをやり、ただただ日々を消化し続けていました。

社会人になったばかりの頃は余裕がありませんでした。慣れないことを必死に覚えて、生きていくために給与をもらわないといけません。結婚したら家庭を持つことになります。子供が生まれれば、責任が増えます。「やらないといけないこと」をスルーして気ままに生きることなんてできないのです。そんなことは、当たり前。これが普通の生き方だと何の疑いもなく、その日々に没頭していました。

27歳で結婚して28歳で父親になったわたしは、様々な失敗をしながら少しずつ経験値が増えていき、30代の後半ともなると仕事もまずまずできるようになっていました。

そろそろ、人生の研修期間も終わり。将来の夢や目標を見つけて、そこに向かって努力していく時期に差し掛かっていたはずでした。それなのに、わたしは答えられませんでした。限りある大切な時間をこれから何に使っていくのか？　これほど優先順位の高いことを、あろうことか考えていなかったのです。

しかし、これはわたしに限った話ではないでしょう。2024年にFreeasyという機関が全国の15歳以上70歳未満の男女1，000人に対して実施したインターネット調査では、年齢別では、10代は7割近くが夢や目標を持っているのに対し、20代以上は4割前後と減少する傾向にあったといいます。

わたしには毎年、年に3回ほどは必ず集まって、お酒を飲みながら近況報告をしあう幼馴染たちがいます。「最近どう？」から始まり、毎回出てくる話題があります。

「俺たちも、いつか何かやりたいよね！」

「そうだよな！　このまま終わりたくないよな！」

こんなやりとりを、もう20年以上も繰り返しています。

大手企業で働いているOくんは、毎回のように集合時間に遅刻してくるようになりました。休日も出勤したりしてとっても忙しそうです。**40代になっても思考停止した**

ままの日々を過ごしている人は、日本人の過半数を超えているであろうというのがわたしの体感です。

時間の余裕、お金の余裕がないから？

「やりたいこと」がある。人生の目的もわかっている。夢や目標もある。それなのに、思ったように「やりたいこと」ができていない人も多いでしょう。

その理由・原因とは、果たして何なのでしょうか？

あなたが「やりたいこと」ができていない理由とは何ですか？

時間の余裕がない。

心の余裕がない。

この答えが出てきた人は、もう少し深く考える必要があります。時間や心の余裕がないにしても、それぞれ原因があるはずですし、それを具体的に把握していないことには解決へは向かいません。

残業が多く、家事育児もあるし、家族との時間を大切にしたい。だから、「やりたいこと」ができていない。この答えは「もっともらしく」見えがちですが、果たして本当にそうなのでしょうか？

時間とは人の命。時間には限りがある。
その限りある時間を何に使うのか？
何に割り振るのか？
どう優先順位をつけて、工夫をするのか？

1日は24時間です。8時間働き、7時間睡眠を取っても、残り9時間を使うことができます。この9時間を生産性高く使えるように、心と体のコンディションを整える。準備だけをしたり、ぼーっとする時間、何かを探したり、考え直したり、やり直したりするなどの減らすことができる重複時間を極力ゼロにできるよう工夫を重ねる。

家族との時間を優先したい時期であれば、そこに十分な時間を使ってもいいでしょう。ゆっくり団欒してから子供と遊ぶ。3時間くらいは必要でしょうか。それでもまだ6時間余ります。これなら、自分の時間を3時間確保することも可能でしょう。その時間を使って、「やりたいこと」をやることができます。

もちろん、短期的に時間の余裕がないこともあるだろうと思います。しかし、5年・10年という長期間において全く改善できないということなどあるでしょうか？　こう考えると、時間の余裕がないというのは理由にはなりません。

「やりたいこと」ができない原因を、お金の余裕がないからとするのは更にナンセンスです。金を稼ぐことや節約して貯めること、お金がなくてもできることから準備を始めること自体が「やりたいこと」の一部であって、いつだって始めることはできるからです。

「やりたいこと」ができなくなる理由は、別に存在しているはずなのです。

●安全圏から出たくない

わたしの例でいえば、「やりたいこと」ができていなかったことや、そもそも「やりたいこと」が何なのか？　を考えていなかった理由は明白でした。それは、**安全圏から出たくなかったから**です。

何も考えなくとも「やること」は与えられます。それをこなしていれば、生活していけるだけのお金を給与としてもらうことができます。サラリーマンをしていれば世間体も悪くないですし、親も家族も心配しません。

一方で、新しいことを考えたり、始めたりする時には負荷がかかります。せっかく辛い思いをして仕事を覚えてきたのです。ようやく仕事にも人生にも慣れてきました。安全圏を作ることができたのです。わざわざそこから出る必要なんてありません。実は、**思考停止で漂っている方が楽**なのです。

家庭にも、職場にも、幼馴染にも「しがらみ」が存在しています。今更、**新しいことに挑戦して責任を負いたくありません。人の目が気になります。**今ならわかります。誰だって、安全圏から出たくないのです。

●何が足りていないのか？

夢や目標が全く無かったわけではありません。そこに向かって「しがらみ」を振り切ってまで行動していく。そのための覚悟と勇気が足りていなかったのです。

何かを成し遂げるには、行動と継続が不可欠です。そこには**苦難や痛みが伴います。**

自己効力感という言葉があります。心理学者のアルバート・バンデューラ博士が提唱した概念であり、自分自身がある状況において、必要な行動を遂行できるとどの程度思うかという感覚を指します。一言でいうと「自分ならきっと上手くいく」という感覚でしょう。

自分を信頼している状態。これこそがいわゆる、自信です。

「やりたいこと」があるのに、「やらないといけないこと」ばかりやって、行動できない。安全圏から出たくないと思わせる原因。時間の余裕、お金の余裕がないからではありません。それは、自己効力感が足りていないからです。

行動できないのは「自信が足りていないから」なのです。

02 「やりたいこと」が「できる」とは？

やりたいこととは？

「やりたいこと」ができなくなっている理由は「自信が足りてないから」です。本書ではこのように仮説を立てます。

では、そもそも「やりたいこと」が「できる」とは、どういう状態なのでしょうか？できるだけシンプルに理解しておきましょう。

わたしの考える「やりたいこと」とは、その人自身がやっていて「幸福感」や「充実感」を感じられることです。ずっとやっていたい。その状態がずっと続いてほしいと思えること。それは、人それぞれに違っていて、人生の目的や価値観という表現が適切であると考えます。そして、それはゼッタイに後回しにしたくないものです。

わたしの場合は、日本の40代50代を中心とした「やりたいこと」をできなくなっている人（過去の自分のような人）」に本質的な気づきと影響を与えて、1人でも多くの人生を再起動させたい。自分が関わる相手から、褒められたい。喜んでもらいたい。これが人生の目的であり、価値観です。

「やりたいこと」については、八木仁平さんの著書である、『世界一やさしい「やりたいこと」の見つけ方』（KADOKAWA）が最もわかりやすく解説しているので、是非ともご参照ください。

また「価値観」については、佐藤舞さんの著書、『あっという間に人は死ぬから「時間を食べつくすモンスター」の正体と倒し方』（KADOKAWA）が参考になるので、こちらもお勧めします。

それでは、本書における「やりたいこと」が「できる」の定義を解説していきます。

マズローの欲求5段階説

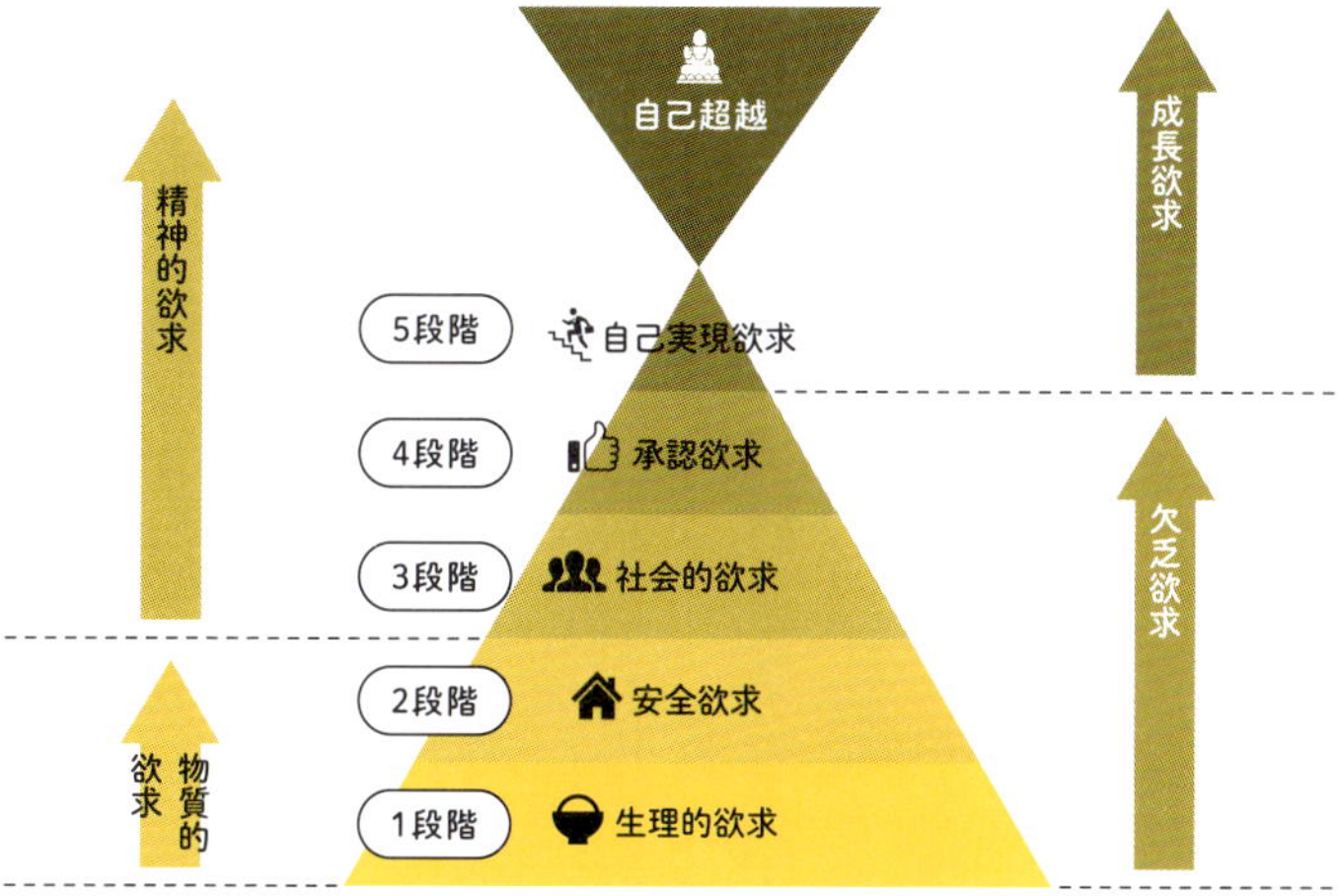

●マズローの欲求5段階説

マズローの欲求5段階説というものがあります。わたしの考える「やりたいこと」が「できる」状態は、ここから導くのが最もしっくりきます。

この説は図解の通り、一番下段にある「生理的欲求」から始まり、それが満たされると次の段階の欲求を満たすために行動できるようになるという考え方です。「安全欲求」「社会的欲求」「承認欲求」「自己実現欲求」と積み上げられていきます。

第一段階：生理的欲求……お腹すいた！　眠い！　トイレに行きたい！

これは説明するまでもありません。万が一、山で遭難してしまったり、異国の街で迷子になったりしてしまった時には、まず最初に満たさないといけない欲求です。

第二段階：安全欲求……帰る家がほしい！　安定収入がほしい！

ここまでは、我が国日本においては多くの人が欲求を満たしているはずなので、これを常日頃から「やりたいこと」としている人は少ないでしょう。

第三段階：社会的欲求……仲間がほしい！　誰かと一緒にいたい！

所属と愛の欲求とも言われ、日頃から他人との関わり合いを持ちたいと思っている人はこの段階にあると言えます。

第四段階：承認欲求……褒められたい！　認められたい！

承認には他者承認と自己承認があります。他者承認を求めすぎると目的を見失ったり、精神的に疲れてしまいます。自己承認は自信をつけたいという欲求です。

第五段階：自己実現欲求……自分らしくありたい！　成長していきたい！

ここまでくると、それなりに自信を持っている状態であり、能動的に行動できるようになっています。

第一段階から第四段階までは、欠乏動機と呼ばれ、足りていないから充足させたいという思いから生じるものです。第五段階の自己実現欲求のみが、成長欲求と呼ばれており、満ち足りた状態でありながら更に成長していきたいというステージです。

つまり、**自己実現欲求を満たすことができれば「やりたいこと」が「できる」状態であると言って良い**とわたしは考えます。

自分らしく生きることができている。成長することができている。この2つが満たされていれば良いということです。

人生の目的や、人の価値観は様々ですが、万人に共通するであろう目的が1つあります。

それは**「幸せになりたい」という思い**です。「幸せを感じたい」と表現した方が適切かもしれません。**いつも幸せを感じていて、機嫌が良い。これこそが最高の生き方です。**

神戸大学社会システムイノベーションセンターの西村和雄特命教授と同志社大学経済学研究科の八木匡教授が2018年に2万人に対して実施したアンケートでは、所得や学歴よりも「自己決定」が幸福度を上げるという結果が出ています。この結果には、わたしも大いに納得するところがあります。

例えば、道ばたにゴミが落ちていた時に、自ら拾う場合と、他人から言われて拾うのとでは、同じ行為なのに心持ちが全く違ってきます。前者は清々しい気持ちになるのに対して、後者はイライラすることもあるかもしれません。

自己決定により行動することで、結果や成果に対して誇りを持ちやすくなることから、達成感や自尊心が芽生えて幸福感が高まるのです。

つまり、自分らしく、成長していくことで自己実現欲求を満たし、更にそれを自分の意思決定において行うことで幸福感を強く感じることができます。自己決定によって、自分らしく成長していけるのです。これこそが「やりたいこと」が「できる」という状態であると言えるのではないでしょうか。

わたしは前述した、この半生で実際に起こった様々なエピソードから「やりたいこと」が「できる」を次のように定義しました。

「やりたいこと」が「できる」とは

人生の目的に向かって
自信を持って
自分で舵を取り
前進し続けている状態

そして「自信」については次のように定義しました。

自分を信頼すること
しがらみを気にせず
内面的な安定と充実感を持って
自分らしく行動できること

本書を執筆中に素敵なポエムに出会いました。

歳月は僕らをバラバラにする
どんなに深く愛し合っても
どんなに大成功を収めても
命に限りがある僕らの終着駅はただひとつ
――別れ。
それだけだから
すべてが雲散霧消する

結末だけ見てもただむなしいだけ
だから、歩みそのものがたいせつなんだ

引用：『人生は気分が10割』（ダイヤモンド社）より

人は生まれた瞬間から、死に向かって生きています。そう、結末はいつだって別れなのです。そして、その道にこそ価値があります。

「やりたいこと」が「できる」

人生の目的に向かって
自信を持って
自分で舵を取り
前進し続けている状態

＝自己実現

＝最高の生き方

これを常に保っていきたい。**死ぬ直前まで、前進し続けることが理想**です。しかし、**多くの人はしがらみを気にして、自分らしく行動できなくなっている**のです。

03

行動できない本当の理由

自信が足りていないから

行動できないのは、自信が足りていないから。それならば、自信を手に入れれば良いのです。わたしの人生を変えた書籍の1つに、青木仁志さんの著書『一生折れない自信のつくり方』（アチーブメント出版）があります。わたしは、この書籍に書かれていた「小さな成功を積み重ねることで自信をつくり上げることができる」を信じて、早起きや禁酒、禁菓子などをまず3日、次に3週間、そして3ヶ月継続しました。その結果、実際に自信をつくることができたと実感しました。

しかし、35歳になったわたしは膨大な仕事を自ら抱え込み、精神的にも肉体的にも限界を迎えたことで、いとも簡単に自信を失ってしまいました。その後「序章Episode05：35歳のどん底」に書いた通り、同僚に相談したことをきっかけに周りのメンバーに頼ったことで自信を取り戻すことができました。この時、わたしは本当の意味での自信を手にすることができたと思っています。

ここで気づいたのは「正しく頼る」ことの重要性です。自信を作るには、成功体験を積み重ねることが必要であるのは言うまでもありません。しかし、それだけでは足りていませんでした。その前段に「正しく頼る」ことを知る必要があります。なぜなら、**自信とは自分だけで成立するものではない**からです。それだけでは弱く、すぐに崩れ去ってしまいます。**本当の意味での自信とは、他者との関係において相対的に成り立つもの**だったのです。

「やりたいこと」が「できる」ようになるには、自信が必要。そして、自信を作るためには「正しく頼る」ことを知る必要がある。この気づきをきっかけに、わたしの人生は大きく好転しました。

特別なスキルでもノウハウでも何でもありません。

知っているか、知らないか。

学ぶか、学ばないかだけで、人生の充実度において天地ほどの差がつくでしょう。

「正しく頼る」を実行するだけで、様々なことが上手くいくようになり、更には驚くべきことに人間関係の悩みまでがスッキリと解決してしまいます。

ぐずぐずしていたらもったいない。一刻も早く、本書で「正しく頼る」を学び、今すぐ人生を好転させてください。

「正しく頼る」には、前提となる考え方や注意点があります。

わたしは、これを人生再起動メソッドとして体系化しました。

●人生再起動メソッド

（自信の作り方）

1. 人のせいにしない
2. 思いやりを持つ
3. 覚悟を決める
4. 正しく頼る
5. 人の力になる

（自信の使い方）

6. 自信の落とし穴を知る
7. 挑み続ける

次の章からは、それぞれのステップ、重要なポイントをわかりやすく解説していきます。そして、人生をアップデートして再起動してください。

1章
人のせいにしない

人生再起動メソッド

IT'S NOT TOO LATE!

01 すべては自分次第

それでは、いよいよ「正しく頼る」ことによる自信の作り方、更に自信の使い方までを網羅した「人生再起動メソッド」の解説を始めます。

● 人生再起動メソッド

（自信の作り方）

▼
1．人のせいにしない
2．思いやりを持つ
3．覚悟を決める
4．正しく頼る

5. 人の力になる
6. 自信の落とし穴を知る
（自信の使い方）
7. 挑み続ける

まずは、自信の作り方においては土台となる1つ目のステップ「人のせいにしない」です。このステップの目的はズバリ「**学びの窓口を大きく開く**」ことです。

「学びの窓口を大きく開く」とは、普段から接している人たちから受け取る言葉や、本を読んだり、動画を観たり、音声を聞いたりしてインプットする情報などから、自分が成長したり、前進したりするのに必要な気づきや学びを受け取るための姿勢を作るという意味です。

同じ言葉や情報を受け取っても、素直で謙虚な姿勢で成長する意欲があれば学びを得られるし、斜めに構えてへそを曲げていたり、自分には課題がないという傲慢な姿勢の場合は何も得られません。

成長していくこと自体は、万人にとっての喜びであり、幸せなことなのですから、「学びの窓口を大きく開く」ことは、最高の生き方を手に入れるための前提条件と言っても良いかもしれません。どんなことも行動なくして成し遂げることはできません。

行動をすれば結果が出ます。良い結果が出れば嬉しいし、それは成功体験として自己肯定感の向上に繋がります。問題になるのは、悪い結果が出た場合に起こる反応の方です。

思ったような結果を出せなかった。失敗してしまった。

そんな時には必ず原因があります。

その原因のうち、コントロール可能なものを課題として受け止めましょう。課題が明確になれば、次に行動を起こす際の参考になります。

失敗の原因を回避する工夫をすることができるのです。**工夫を増やしていくことで失敗する確率がどんどん下がっていきます。そして毎回のように良い結果を出せるよ**

うになります。そう、これこそが成長と呼ばれるものです。

「仕方ない」という言葉があります。どうすることもできない、ほかに良い方法がない、やむを得ないといった意味ですよね。この言葉、何気なく使っている場合が多いと思うのですが、実はとても危険な言葉です。なぜなら、成長することを放棄することに繋がるからです。

失敗経験は学びの宝庫。その失敗によるダメージが大きいほどに深い気づきを得られるチャンス。それなのに、原因や課題を考えることを放棄して「仕方ない」と考える逃避行動をしてしまうと、そのチャンスを台無しにしてしまいます。

実際には逃げてしまう人の割合の方が多いのではないでしょうか。「自分を否定する」ことが怖いからなのでしょう。しかし、**本当に怖いのはせっかくの失敗体験を成長に繋げることができないことです。**また次の機会に行動をした際、同じ課題にぶつかり、再び失敗する可能性が高くなります。

同じ失敗をすることほど、自己肯定感を下げる体験はありません。堂々巡りのネガティブスパイラルに突入してどんどん自信を失ってしまいます。20代の頃のわたしは、まさにこの流れでした。**失敗を、環境や他人のせいにばかりしていたおかげで、傷つくことを回避し、その代償として成長する機会を失っていました。**

自分が成長していない間に、世の中や周りの仲間達は前に進んでいきます。その差は大きくなるばかり。その現実を受け入れることができず、恥ずかしいという思いから更に物事を斜めから見るようになっていきます。こんな姿勢で上手くいくわけがないですよね。

ここから脱出できたきっかけは、全ては自分次第という考え、すなわち自責思考を持ったことでした。

全ては自分に責任がある。そして全ての結果は自分に原因がある。

このように考えるようにしてからわたしは大きく変わりました。行動するたびに気づきがあり、その課題に対策や工夫をすることで成長できるようになりました。

課題さえ明確になれば、改善するのはそんなに難しくありません。そう、成長できなかった根本的な原因は課題から目を背けていたことだったのです。

その先に成長が待っている。成長することでこれからの人生を有利に過ごすことができる。

こういうマインドセットが前提にあれば、自分を責めることは怖くありません。また、人のせいにするというアクションが必要なくなります。

自分を正当化するという無駄な思考と行動を省くことができるのです。自責思考を持てたことで、ぐんぐん成長できるようになり、更にネガティブなことで心を揺らすことが減りました。自責思考を持つことで、学びの窓口を大きく開くことができるのです。

02

苦痛から逃げない

自責思考を持って、課題を見つけることで成長することができる。

この考え方を前提に持つことで人生は大きく好転します。成長をし続けた方が、より良い人生を送ることができるのは明白ですよね。

子供の頃は、誰しも成長していきます。痛い思いや恥ずかしい思いをしながらでも新しいことに挑戦し続けて「できること」を次々と増やしていきます。

多くの人は、大人になると挑戦する回数が減っていきます。人生におけるベーシックスキル（立つ、歩く、話す、書く、コミュニケーションを取る、相手の気持ちを察するなど）がある程度身についてくると「それなりに」に困らなくなるからでしょう。

学生時代を経て、社会人になり、恋愛や結婚、子育てなどの人生の前半における大きなライフイベントも一通り終える。それと共に新しいことに挑戦し続けないといけない**人生の研修期間**も終わりに近づきます。

それまでに身につけた経験やスキルを使えば、そこそこ安心・安全に暮らしていける。大人になると挑戦しなくても差し当たって困りません。しかし、人生100年時代において40代や50代はまだまだ中盤戦。健康寿命で考えても残り数十年は人生を楽しむことができます。中には20代や30代で成長を止めてしまっている人もいるでしょう。これは本当にもったいないことであり、危険なことでもあります。

人の目が気になって恥ずかしい、ストレスや負荷がかかる、痛い思いをする。このような短期的な目線による問題逃避を優先することで、挑戦する回数が減っていきます。これを回避する方法があります。

それは、長期的な成果を考える視点を持つことです。**これにより「学びや改善自体を成果」として評価できるようになります。**

「成長することができた」という自己成長感は、そのもの自体が幸福感をもたらします。

成長できたことに喜びを感じない人はいません。

短期的な成果を考える視点では、失敗や課題を認めることは恥ずかしいことに感じますが、長期的な成果を考える視点になると、できないことを思い知って認めることはまだまだ成長していける伸び代であり、課題を持っていること自体が幸せだとも思えるようになります。

皆さんもご存知の通り、多くの成功者は過去に不遇な時期を経験している場合が多いです。人生の意義を見出すには、一時的に不幸になるような苦労の多い時期が欠かせないのでしょう。そうでないと人生について真剣に考える機会がありません。

闇が深いほど光は輝く。

わたしはこの言葉が大好きです。いつも光が降り注いでいるような環境では、光のありがたみを感じることができません。

同僚・家族の信用、そしてお金。その全てを失い、深く落胆し、悩み苦しみました。

しかし、その深い闇を経験したからこそ、今を存分に楽しむことができています。人のせいにせず、自責思考を持つことで自分の課題を受け止めることができる。課題がわかれば成長することができる。短期的な苦痛から逃げず、立ち向かう。そうすることで長期的な成果に繋がる気づきや学びを得ることができる。

苦痛から逃げない。

これは人生をより良いものにしていく為に、とても大切なキーワードです。

03

思いがけないことが起こった時は成長のチャンス

「思いがけない成功、思いがけない失敗が人生を大きく変える」

これは、わたしが大きなヒントを得た言葉の1つです。「思いがけない」とは……意外である、考えたこともない、という意味ですね。

何かの成果や結果が出た時、そこには必ず要因や原因があります。それが「思いがけない」ものであった場合。その要因や原因に気づけていなかったということになります。つまり、思いがけない出来事とは、自分がこれまで知らなかったことを知るチャンスなのです。「成長のチャンス」と言っても良いのではないでしょうか？

人は色々なことを経験して、成功したり、失敗したりしながら育っていきます。こうすると、上手くいくんだな。今度は痛い目に遭った。これらを繰り返していく中で、固定観念が作られていきます。40代くらいになると、多くの人は自分が「完成品」になったと思っています。それなりに経験を積んできたことで、一通りのものが備わっていると自覚しているのでしょう。

突然、その固定観念を覆すような思いがけないことを言われたり、思いがけない結果が出たりした時、皆さんはどんな反応をしますか？

先日、地元の岐阜から名古屋に向かう電車でこんな出来事がありました。JRの在来線、わたしは席が空いていたので座っていました。しばらくして、隣に座っていた見知らぬ中年の男性から肩をとんとんと叩かれます。イヤホンを外して耳を傾けると、「ここ、みんなが座る席だから」と指摘を受けました。わたしは無意識のうちに足を組んでおり、履いていた靴の端が座席の一部に触れてしまっていたのです。

まさに、思いがけない出来事でした。わたしはまったく自覚がない中で、周りの人を不快にさせていたのです。声を掛けられた瞬間、わたしは何が起こったのかわかりませんでしたが、必死に反応しました。

「はい。すみません……（ありがとうございます）」

（ありがとうございます）は声になりませんでしたが、頭ではそう考えていました。その日はその出来事が頭から離れませんでした。そして、しばらくの間は電車に乗るたびに思い出しました。これ以来、電車に乗って座る時には、足が座席に当たっていないかを毎回確認するようになりました。

学生時代から社会人時代、20年以上の間、何度も何度も電車に乗ってきました。指摘されたのは今回が初めてです。いつから、こんな癖があったのだろう。これまでも周りの人を不快にさせ続けていたのだろうか。今回、指摘をされなかったら気づかないままに続けていたのかもしれない。本当に恐ろしいことです。猛烈に反省しました。

指摘してもらわないと気づけないこと、実はたくさんありますよね。**大人になったって、人はまだまだ未熟なのです。**

中年のおじさんから声を掛けられた時、正直なことを言うと、ほんの一瞬だけ反論したくなった自分がいました。だって、悪気はありません。靴を座席に当ててるつもりなんてない。それなのに当たってしまっていたのです。しかし、ここで自分を守って言い訳（自己肯定）をしてしまうと成長はありません。自分を否定することができれば、改善することができるのです。ここで改善できなければ、わたしはまた、気づかないところで周りの人を不快にするような行動をとってしまうでしょう。そして、**だんだんと人に嫌われていくのでしょう。**

このような小さなことであっても、その積み重ねは人生に大きな影響を与えます。わざわざ指摘してくれる人なんて、めったにいないのです。これは大変ありがたいことです。ここで自己否定できるか、それとも目先の自分を肯定して流してしまうのか。とてもとても、大きな分かれ道だと思うのです。

思いがけないことが起こった時。それは成長のチャンスです。**言われたことがショックであればあるほど、深い学びにすることができます。**

04 自分のことを責めない

人のせいにしない。自責思考を持つことによって、課題が見つかり成長できる。ここまでそう述べてきましたが、一方で自分のことを責めてはいけません。

自責思考とは、物事がうまくいかなかったり問題が発生したりしたときに、自分自身に原因があるとする考え方ですが、過剰に自分を責めてしまうと、それを理由に鬱のような精神疾患を引き起こしたりすることもあります。また、自己効力感を失ってしまう（自信を失ってしまう）可能性もあり、わたしも、実際に何度もそのような状態に陥ったことがあります。

自責思考を持つ目的。それは課題を見つけるためです。自分のことを責めるのは止めてください。責めるとは、非難したり、苦しめたり、悩ますこと。**他人を責めていたら成長はありません。そして、自分を責めているだけでも成長はありません。**

罪を憎んで人を憎まずという言葉がありますが、ネガティブな出来事が起こった時には、その出来事とその人自身を切り離して考える必要があります。そうでないと、ネガティブな感情に囚われてしまい冷静な判断ができなくなるからです。せっかくの成長のチャンスを、気落ちしているうちに逃してしまうでしょう。

どんな結果になろうと、それが今の自分がもたらした結果。 実力が出し切れなかったら、それが今の実力なのです。過去を変えることはできません。しかし、未来は変えることができます。**過去を悔やまず、糧にして改善に繋げ未来を少しでも良くする為に使うのです。**

わたしは20代の頃、営業の仕事で結果が出せなかった時、意気消沈して蚊の鳴くような声で上司へ報告の電話をしていました。

上司はその度に「お前がへこたれていても誰も喜ばないよ」と、語気を荒くしてイライラしていました。意気消沈する必要なんて全くありません。そんなことに気を遣うくらいなら、その分、結果が出せなかった原因を全力で考え、潔く認め、その原因と改善に向かった行動計画を堂々と報告した方が何倍も良いのです。

恥ずかしながら、その時は気づくことができませんでしたが、自分が報告を受ける場面を経験するようになってからわかりました。

当時の上司の気持ちがよくわかります（笑）。意気消沈している時間は本当にもったいない。ネガティブな雰囲気を漂わせるのは周りにも良い影響を与えません。そう、誰も得をしないのです。

自責思考を持って人のせいにしない。それと同時に自分のことも責めない。自分を責める暇があったら、課題を改善する時間に使いましょう。わかっているのに自分を責めてしまう。そんな方もいらっしゃると思いますので、回避するためのヒントを1つお伝えしておきましょう。

それは、長期視点を常に持ち、意識することです。

悪い結果が出た時は、人生の目的や少し先（1年から5年先）の目標を思い出してください。**自分は幸せになるために生まれてきたのだった。そして、目標に向かって生きているのだ。こんなことでクヨクヨしている時間がもったいない。すぐに課題を明確にして改善に向かおう**と切り替えることができます。これは覚えておくと役に立ちます。是非、お試し下さい。

05 素直さと謙虚さを持つ

謙虚とは、自分を偉いものと思わず、素直に他に学ぶ気持ちがあること。

素直さと謙虚さは学びの窓口です。小さな子供の時はほとんどの人が素直で謙虚。歳を取るとだんだん狭くなります。

一流の人は例外なく謙虚。どこまで昇りつめても素直。二流、三流は威張ってしまいがち。せっかくの学びや気づきを自ら拒絶します。

大人になってからの成長速度は、ここで大きな差がついてくるのです。

成長する為には課題を見つける必要があります。課題を見つけられる回数、そしてそれを改善するための学びや気づきを得られる回数。これこそが成長の源になりますよね。

「実るほど頭を垂れる稲穂かな」という誰もが知っている有名な言葉がありますが、歳を取れば取るほど、成長したり前進したりすればするほど、ポジションが上になればなるほど指摘してくれる人は減っていきます。

一流、そして超一流まで辿り着く人は、そこまで自己研鑽をし続けることができた人です。つまり、素直で謙虚な姿勢を保ち、多くの人から助言やアドバイスをしてもらうことができていて、それを受け入れて活かしてきた人にしかその領域に辿り着けません。

素直さと謙虚さを失うと、物事を真っ直ぐに捉えられなくなります。たとえ相手が正論を言っていたとしても、それを斜めから受け止めてしまい活かすことができなくなってしまいます。

心理学でよく言われる、認知の歪みの落とし穴にもハマりやすくなるでしょう。認知の歪みとは、物事の捉え方や考え方の癖にとらわれて、他の解釈をすることが難しくなっている状態です。自分を追い詰めてしまったり、些細なことで落ち込んだり、すぐに悪い方向に考えてしんどくなったりしてしまいます。考え方の癖にとらわれて物事を解釈してしまうのです。

生産性のないことにばかり時間を使って空回りしている。どれだけ時間があっても足りないと感じる。そんな自覚のある方は、次の10項目をチェックしてみてください。

●認知の歪みの例

1. 白黒思考　→　はっきりさせないと気が済まない
2. 過剰な一般化　→　パターンの決めつけ
3. マイナス思考　→　全てを悪い方へ考える
4. 結論への飛躍　→　根拠ない結論の決めつけ

5. フィルタリング　↓　良いことをシャットアウトして全て悪い評価にする

6. 感情に基づいた判断　↓　感情を根拠に物事を決める

7. 過剰な拡大解釈　↓　良くないことは最悪に、良かったことは大したことないと解釈

8. ラベリング　↓　一部の出来事で自分や他人にネガティブなレッテルを貼る

9. 個人化と非難　↓　自分に一見関係のないことでも、自分の責任に結びつける

10. すべき化　↓　ものごと全てに「〜すべき」という理想像の存在を考える

このような思考の癖は、誰でも持っています。バランスが取れていれば大きな問題にはなりません。自分が積み上げた経験値を元にして、ある程度認知のパターンをある程度決めておかないと脳のリソースがいくらあっても足りなくなるからです。

自分にも思考の癖がある。そう自覚することで必要以上にガードを上げてしまったり、直感的に反応することを防げます。成長のチャンスを逃さないように気をつけましょう。

特に、アドバイスや助言は相手の意図や理解がどうであろうと、いったん受け取る。そして受け取ったからには自分の力で最大限に活かす。それが最善の行動です。

嫌味に聞こえようが、悪意があろうが、関係ありません。聞いてしまったからには、活かさないともったいない。そして感謝の言葉まで返しておきましょう。これなら完全勝利です。窓口を狭めないこと。そのために素直さと謙虚さを失わず、しっかり確保しておきましょう。

06 自分で舵を取る

それでは、人生再起動メソッドの1つ目のステップ「人のせいにしない」をまとめていきましょう。

「人のせいにしない」は「自分で舵を取る」と言い換えることもできます。

自分が選んで乗り込んだ船。その船の行き先を風や波に任せて漂い続けるのではなく、人生の目的というきちんとした行き先を自分で決めて、そこに辿り着くための経路を自分で選びます。そして、天候などの状況に応じて最良の順路でゴールに向かうべく自分で舵を取る。**成功すれば自信に繋がる。失敗したら存分に反省できる。**そして、課題を見つけることができる。つまり、いずれにしても前進し続けることができるということです。序章で解説した通り、そもそも「自己決定」自体が幸福度を上げるという研究結果があります。

上司からの指示を受ける場合、中には気の乗らない嫌いな仕事もありますよね。どうせ「やる」ことが決まっているのであれば、受け身の姿勢で嫌々実施するのではなく、自分の意思で能動的に「お受けします！」と自分が主体となって、考えや工夫を取り入れて実施した方が気持ちが前向きになるし、どんな結果になろうとも、得られる経験値や学びが大きくなります。

わたしはサラリーマン時代、ある時を境に「自分で舵を取る」を徹底するようになりました。たったそれだけのことでも、楽しく気持ちよく仕事に取り組めるようになりました。そして、成長できるようになりました。誰もが嫌がるような仕事や、納期が迫っていてスケジュールが厳しい仕事、自分の仕事が立て込んでいるのだが、依頼主はそれ以上に本当に困っている仕事、そんな依頼があった時にはチャンスだ！と思ってください。

笑顔で「ちょっと調整させてください！」と答えて、少し考えてから「お受けします！」と元気よく応えましょう。依頼した相手は楽になります。あなたに感謝の気持ちを持つでしょう。次、何かあった時に相談すれば、懇意になってくれるはずです。さらに自分は、その仕事に対して客観的に、その負荷をゲーム感覚で楽しんでこなすことができるようになります。

人は困っている人の仕事を自発的に受けることによって「誰かの役に立っている」という他者貢献感を得ることができます。気持ちよく仕事をすることができて、さらに成長することもできる。ちょっとしたことですが、この考え方や方法は人生を大きく好転させる機会となり、その後も継続して恩恵を受けることができています。学び、成長し続けることができているのです。

自分で決める　＋　人のせいにしない　→　どんどん成長できる
自己決定　＝　幸福感

このステップを理解して実行することで、学びの窓口を大きく開きましょう。そして、どんどん成長して「自信のタネ」を生み出し、育てていきましょう。

2章 思いやりを持つ

人生再起動メソッド

IT'S NOT TOO LATE!

01 思いやりとは？

第2章では「人生再起動メソッド」における2つ目のメソッド「思いやりを持つ」について解説していきます。

●人生再起動メソッド

（自信の作り方）

1. 人のせいにしない
2. 思いやりを持つ
3. 覚悟を決める
4. 正しく頼る

5. 人の力になる
6. 自信の落とし穴を知る
（自信の使い方）
7. 挑み続ける

このステップでは「正しく頼る」ことによって他者との関わり合いの中で自信を作っていく、その前提となる考え方を整えていきます。

小学生の頃、学級の「めあて」なるものが黒板の横の辺りに掲げてありませんでしたか？　「めあて」とは、目をつけるところ。注意して見守る点。目標や指針のようなものですよね。

考えて行動する
ありがとうを伝える
素直にやさしく

にこにこ笑顔
けじめを守る

このような「めあて」が記憶に残っている方も多いのではないでしょうか。今、見返してみても人生においてとても大切な要素が掲げられていますよね。

思いやりを持つ

このフレーズも、どこかで目にしたり、耳にしたりしたことがあるでしょう。仏教の教えに「四無量心（しむりょうしん）」というものがあります。これは仏教用語で4つの広大な心などと表現されます

4つの心とは

「「慈」相手に楽を与える心」

「悲」相手の苦しみを抜く心
「喜」相手と共に喜ぶ心
「捨」平等に接する心

これらはいずれも「他人を思いやる心」です。
無量とは計り知れないという意味であり、「四無量心」とは、自分に関わる全ての人に対して持つべき心と言えます。これらを持つことによって、全ての悩みの9割を占めるとも言われる人間関係の悩みが解消し、お互いの幸せに繋がると言われています。

自分は相手があってこその自分。気づきや学びを与えてくれるのは自分以外の無数の相手。だからこそ、この4つの心を持って接することが大切ですよね。

20代の頃のわたしは、これらの心が全く足りていませんでした。他人を思いやることをせず、相手のことを考えず、自分を大切にすることしか考えていませんでした。その結果、仕事や人間関係で大きく苦労することになったのです。

自分のことしか考えていない人。誰がどう考えても、仕事や人間関係で上手くいくわけがありません。しかし、当時のわたしは全く気づいていませんでした。

当たり前のこととして考えがちですが、当時のわたしと同じような落とし穴にハマっている人は存在しているはずです。

自分のことは後回しにする
相手の喜ぶことだけを真剣に考える

シンプルにこの2つを徹底するようになってからは仕事が上手くいくようになっただけではなく、家族や友達、パートナーとの人間関係に良い影響を与え、人間関係の悩みが減っていきました。生きるのがとても楽になりました。当時の気づきはまさに「四無量心」でした。思いやりの心を持つことでも、わたしは人生を好転させることができたのです。この章では、思いやりを持つことについて深く解説していきます。

02 自分を後回しにする

自分を後回しにする。そう聞くと、自分のことを犠牲にすることなの？ と思われるかもしれませんが違います。ここで言う自分を後回しにするとは、自分を犠牲にして献身せよという意味ではありません。**相手の喜ぶことを真剣に考えることです。**

そうすることで何もかもが好転し始めます。

営業の仕事を経験すると、この法則が正しいことがわかります。1つの事例として、わたしが経験した『恥の極み』とも言えるエピソードをご紹介します。

わたしは20代の頃、毎月の営業ノルマを達成するかしないかの瀬戸際の際、セールスをしていたクライアントさんにこんな声がけをしたことがあります。

「目標達成が厳しくて……何とか月内によい返事をもらえないでしょうか？」

……何という、ダメ営業マンなのでしょうか。上司に指示されたわけでも手法として教えてもらったわけでもありません。ドラマか映画でたまたま耳にしたのでしょうか、自分の判断で複数回、このようにクライアントさんにお願いしたことがあります。

結果は当然のことながら、いつもお断りでした。理由はここに書くまでもありませんよね。この発言には、完全に自分の都合しか含まれていません。いくら良い商品やサービスであっても、売り手が自分の都合ばかり考えていたら買いたくなくなるでしょう。成果を出しているデキる営業マンは、月末近くにクロージング（顧客の購買意欲を確かめること）をしません。なぜなら、クライアントさんに月末（までに成約を望んでいる）ということを意識させたくないからです。買い手は自分の意思で自分のタイミングで買いたいのです。

もう1つ、デキる営業マンの特徴的な行動をご紹介します。それは「用事がない時に連絡をする」です。電話やメールは、何か要件がある時にするもの。そういう認識を持っている人が多いでしょう。こちらから連絡をする際には、何か確認したいこと、相談したいこと、伝達しておきたいことがあることが通常だからです。

それでは、「用事がない時に連絡をする」とはどういうことなのでしょうか？　具体的には「何かお困りのことはないですか？」「ご体調にお変わりはないですか？」という類の連絡です。このような連絡をもらえると、ほとんどの人が嬉しく感じます。気遣ってもらえていることが伝わってくるからです。

同じものを買うのであれば、用事がなくても連絡をしてきて自分を気遣ってくれる営業マンから買いたい。これは、極めて自然な心理です。

営業の仕事に関わらず、人間関係においては同じような心理が働きます。自分を喜ばせようとしてくれる人を大切にしたいと思うのが人間なのです。

勤め先、仕事仲間、家族、友達。まずはすぐ近くの人のことを大切にしてください。何をすれば喜んでくれるのか？　を考えて、行動してみましょう。

思いやりの心を持つ。これだけで人生は好転するのです。

03 見返りを求めない

自分を後回しにして、相手の喜ぶことを真剣に考える。

その際の注意点の1つが、見返りを求めないということです。

その理由はシンプル。見返りを求めている時点で利他的ではなく、利己的な行動だからです。結局、自分を優先していることになります。これは理解しやすいですよね。

自分のことを後回しにする行動をしていたけど、人間関係は好転しなかったし、むしろお節介だと文句を言われた。

こんな風に感じる経験が多い方は要注意。見返りを考えてしまっている証拠です。

その考えが相手にも伝わっている場合が多いと思います。

更にここでもう1つ大切なことがあります。それは、相手の意見や要望を尊重するのを忘れないことです。バランスを崩すほど施しを受けすぎると重荷になります。「何かお返しをしないといけない」と気になってしまうことだってあるのです。

つまり、見返りを求めてくれた方が楽だと思っている人もいるということです。全ては、相手次第。注意深く要望を汲み取ってバランスを整える必要もあります。

「生涯忘れない」素晴らしい営業マンに出会ったことがあります。20年前にトヨタのディーラーで新車を買った際の営業担当だったSさんです。

Sさんは、とにかくわたしの意見や考え、要望を聞き取り、少しでも良い条件で購入できるように、わたしが損をしないような提案をしてくれました。リセールの際に価格が落ちにくい色や追加オプション、予算、ローン、保険。1つずつ丁寧にわかりやすく説明した上で、トヨタやディーラーの裏側なども教えてくれました。完全なる消費者側の営業マンだと感じました。それでいてクロージングもビシッとしてくれます。

わたしが最良の買い物をするために、今、ここで決断してください！　と歯切れ良く営業をしてくれたのです。

Sさんがしてくれたことで、脳裏に焼きついているエピソードがあります。

新車で買った車に乗って7年ほど経ったある日の朝、仕事で朝早くから社外の会場でイベントがあり、目的地に向かっているとボンネットからもくもくと煙が上がってきました。

その日は、研修会の講師をするため、遅刻も中抜けもできません。朝7時台に会場に付き、終了は夕方すぎの19時の長丁場。煙を上げながら運転をして何とか会場に着き、Sさんに電話。朝早いのに、すぐに電話に出てくれました。

Sさんのディーラーまでは距離が20㎞くらいありますし、朝も早い上に、突然の電話です。別の営業所との連携や、対処の方法を聞ければ御の字という気持ちでした。

「わかりました！　場所を教えてください。今から行きます！」

なんと、Sさんは故障したわたしの車を運べる積載車に、修理中にわたしが使える代車まで載せて、20㎞も離れた会場に来てくれたのです。

その日、研修が終わったころに携帯電話を確認すると、故障した車の症状と修理に関する連絡、そして代車をご利用くださいというメッセージが残されていました。なんという行き届いた対応なのでしょうか。わたしは深く感動しました。

Sさんは、購入から7年経っても、毎年カレンダーを持ってきてくれたり、調子はどうかと電話をくれたり、とにかく顧客ファースト。それでいて、見返りを求めるような恩着せがましい雰囲気は一切ありません。

更に、できないことはできないと言ってくれます。

その後、Sさんはそのディーラーの本部で役員クラスまで昇進したと聞きました。当然だと思います。20年経った今でも、もしSさんから連絡があり、何か頼まれれば何でも応えます。まだまだ恩を返しきれていないと思うからです。

これこそが営業の極意でもあり、思いやりの極意です。

04 返報性の原理

行動経済学やマーケティングの分野では、返報性の原理という概念があります。

相手から何かを受け取ったときに「こちらも同じようにお返しをしないと申し訳ない」という気持ちになる心理効果のことです。

笑顔で接すれば、笑顔が返ってくるし、無愛想にしていれば相手も無愛想になる。人に大切にしてもらえれば、自分もその人のことを大切にしたくなる。

このような原理です。

返報性には大きく4パターンがあります。

「好意の返報性」

敵意の返報性
譲歩の返報性
自己開示の返報性

この4つですね。わたしがこの概念を知ったのは、40代になってからですが、ほとんどの方は実体験の中で経験したことがあるはずです。

笑顔で接すれば、笑顔が返ってくるし、無愛想にしていれば相手も無愛想になる。ぶっちゃけ話をすれば、相手もぶっちゃけてくれる。人は鏡。この言葉にも、どこか関連しているようにも感じます。

この概念、万能ではありません。詐欺や犯罪にも使われる手法でもあるので、あまりに素直に反応することは危険であると警戒している人も多いのではないでしょうか。

わたしは、営業の仕事を長年やってきた中で、この返報性の原理について肌で感じながら理解してきました。

例えば、頑固でクレーマー気質、無愛想で常に悪意のあるようなクライアントがいたとします。こんな人は誰もが嫌がりますよね。

多くの場合、無意識のうちに、その人に対する態度がよそよそしくなったり、避けるようになるでしょう。

仕事の場面では、わたしはあえてそのような人に近づき、優しく接するようにしました。なぜなら、そういう人ほど優しさに飢えているからです。

ほとんどの場合、故意的に嫌がらせをするような態度を取っているのではなくて、それが嫌がらせであることに気づいていなかったり、自分では改善したくても、過去の経験や性格から生まれる思考や行動のパターンが染み付いてしまっていて、変えたくても変えられないことに苦しんでいたりします。

わたしはそのような人の数少ない理解者になれるように努めました。大抵の場合、その後大きく信頼してもらえるようになり、時には依存されるくらいの関係を作ることができました。

ここで、適切にバランスを取らないと今度は自分が疲弊してしまうので要注意なのですが、わたしのやっていた種類の営業の仕事（コンサルティング的な）ではとても必要な立ち回りでした。真剣に話を聞いてもらえるようになるからです。

「自分を後回しにする」という考え。

これはまさに好意の返報性に関わることです。もちろん、環境や状況にもよるのですが、23年間の営業の仕事において、この考えを用いるようになってからは例外は1つも思い出せないほどクライアントとの関係性が好転しました。

自己開示の返報性。まだあまり親密ではない友達と2人で飲みに行ったことをきっかけに意気投合。その後、親友のように仲良くなる。あの現象です。お酒の席で気持ちが打ち解けてお互いに自己開示をし合う。

自分がガードを下げれば、相手もガードを下げてくれます。

笑顔で接してもらえないのは、自分が笑顔じゃないから。相手が自己開示してくれないのは、自分が自己開示していないから。歩み寄ってもらえないのは、自分が譲歩していないから。持ちつ持たれつという、素敵な関係性を増やしていくためには、自分から行動すること、能動的な姿勢が必要です。

そして、敵意の返報性。これには注意が必要です。

他者から敵対的な態度や行動を受けたときに、その相手に対して同じように敵対的な反応を返す心理的傾向を指します。この反応は、日常の人間関係や職場での対立など、さまざまな場面で日常的に起こっています。

これは、人間の防衛本能から生まれる自然な反応です。攻撃的な行動に対して同じように反応することで、自分自身を守り、相手に「これ以上の攻撃はリスクがある」と認識させようとする役割があります。これにより、個人は自尊心を保ち、社会的な位置を守ろうとするのです。

とくに、怒りや不安といった感情が引き起こされると、反射的に相手に同じような行動を取ってしまうことが多いのではないでしょうか。

仲の良い友人や家族など近い存在になる相手にも発動してしまうので、注意が必要ですよね。その場の突発的な反応は長期的に見ると有害な結果になることが多いからです。

回避する方法としては「人は感情で動く」ことを前提として知っておく。感情が揺れ動いた時には、いったん冷静になってから行動する。

そして、何よりも思いやりを持って相手の気持ちに寄り添うことが大切です。

05

相手にベクトルを向ける

この章では、人生再起動メソッドの大切な考え方である「正しく頼る」を実行する前提となる思いやりを持つことについて解説していますが、最後に自分が疲弊しないためのヒントをもう1つお伝えしておきます。

それは、**相手にベクトルを向けるという考え方**です。

言い換えると、他者からの自分に対する評価を気にしないということです。そうすることで、人の目が気にならなくなります。

自分のことなんて、どうだって良い。とにかく、相手に喜んでもらえれば良い。これを常に念頭に置く。それだけで、人は幸せになれます。誰かの役に立てているという気持ちは、幸福感そのものだからです。

自分にばかりベクトルが向いていると、相手は自分のことをどう思っているのか？という考えが優位になってしまいがちになります。そうすると、他者からの評価が気になり、周りにいる人たちから良く見られたい。体裁や目先のカッコ良さばかり気にする。このように自分よりも高い評価をされている人に嫉妬したり、自分を卑下してしまったり。とにかく心が揺れて、余裕を失ってしまいます。

そんなことを気にして右往左往している暇があったら、少しでも他者に目を向け、何を欲しているのか？　自分が何をすると相手が喜んでくれるか？　の方を意識して考え、行動した方が良いのです。

わたしは、妻と19歳の時に出会いました。妻はわたしが47歳になった今まで、28年の変化を見てくれています。先日、

「おれ、昔と比べて変わったところあるかな？」

と質問をしてみました。、

「自分勝手になったよ」

すぐにこのような回答がありました。一瞬、反省してしまいました（笑）が、この回答、実は決して悪い意味ではないのだと後になってから理解しました。

何しろ、妻とはこの28年間で最も仲が良いのです。とても居心地が良くて楽です。お互いに笑顔も増えました。

自分勝手とは、一般的には他人の迷惑などを構わずに自分の都合だけを考える態度のことです。わたしは以前と比べると、自分にベクトルを向けるのではなく、妻や家族に対してベクトルを向けるようになりました。

家族から見て、良き父や夫になろう！　と考えるのではなく、本質の部分で家族が喜んだり、幸せになると思うことを考えて行動するようになったのです。相手の顔色を伺ってではなく、自分らしく自分のやれることで家族を幸せにする。それこそが自分のするべきことだと考え、迷いなく行動しています。

この姿勢は一見「自分勝手」と言えるかもしれません。お互いの自分らしさで、変に忖度せずに尊重しあっている。子供たちも含めて、家族全員が自然体で楽に過ごせている。自分にベクトルを向けない。相手にベクトルを向けて、その相手が喜んでくれている。持ちつ持たれつ、お互いに思いやりが発生している。これらが良好な人間関係を生み出しているのは間違いありません。

家族関係に限らず、SNSで知り合った友人やオンラインコミュニティのメンバー、地元の友人、仕事でお世話になっている皆さんも同様です。人間関係が、本当に楽で楽しくなりました。

思いやりを持つことによって、正しく頼れるようになります。
自分を後回しにする。そして、見返りを求めない。

返報性の原理を理解して、敵意の返報性を発動させない。

相手にベクトルを向けることで、人の目を気にせず、思いやりを持った行動を取りましょう。これらは、自信を作る上での大切な前提となるのです。

3章 覚悟を決める

人生再起動メソッド

IT'S NOT TOO LATE!

01 自分の限界を知る

第3章では「人生再起動メソッド」における3つ目のメソッド「覚悟を決める」についてお伝えします。

●人生再起動メソッド

（自信の作り方）

1．人のせいにしない
2．思いやりを持つ
3．覚悟を決める
4．正しく頼る

5. 人の力になる

6. 自信の落とし穴を知る

（自信の使い方）

7. 挑み続ける

このステップも「正しく頼る」の前提について解説します。他者との関わり合いの中で自信を作っていくための考え方を整えていきます。

わたしは長い間、人に頼るのが苦手でした。何事も人に頼らず、自分でやることが正しいと思っていましたし、**誰かを頼るなんて「甘え」だと考えていたのです。**

しかし、前述（序章 Episode05：35歳のどん底）の通り、35歳ころのわたしは、当時、人生で1回目の限界を迎えました。過労が続き、死を身近なものとして感じました。

しかし、それがきっかけで、**泣きながら「助けてほしい」と相談することができま**

した。それまでは見捨てられていると思っていたのに、相談した結果、自分のいたコミュニティ（会社）は、**意外なことにほぼ全員が手を貸してくれました。**

これは問題解決の大きな大きな一歩となったのです。

それではなぜ、わたしは助けてもらえるようになったのでしょうか？

その答えこそが「**自分の限界を知り覚悟を決めたこと**」でした。

人には自尊心というものがあります。自分自身のことは大切にしたい。自分の能力や良い面を信じたい。自分は存在していて良いのだという感覚や感情のことです。プライドと表現する場合もあります。

自分の限界を知るということは、自尊心やプライドを傷つける行為になります。これ以上は無理です！　と白旗を振っているように考えてしまうからでしょう。いわば、自分の弱い一面を見せることになるのです。

特にプライドが高い人にとっては大変に恥ずかしいことでしょう。わたしはそこまでプライドが高いという自覚はありませんが、それでも長い間、自分の弱さをさらけ出すことができませんでした。同僚や後輩の前ではカッコつけていたかったのです。**限界まで努力しているようには見えない人から「助けてほしい」と言われても、心は動きません。**

自信を作り、人生を再起動したい。そう思うのであれば、一度は自分の限界に達するまで努力することは必須です。もうこれ以上はできない。無理だ。そこまで辿り着くことで、**ようやく心底からの諦め、そして限界であることを受け入れることができます。**人間、1人でできることには限りがあります。たくさんの人の力を借りながら生きているのです。遠慮なくどんどん頼れば良いのです。

ただし、限界までは必死に努力する。これは大前提です。**自分の限界を知ることで覚悟が決まります。そしてその時、周りの目が変わるのです。**

これは、正しく頼るための必須条件です。

02 頼るためのマインドセット

正しく頼ることが現状を突破する方法。何度もお伝えしている通り、これこそが本書のテーマです。詳しくは第4章で解説をしますが、ここでも頼るためのマインドセットに触れておきます。

どうしても頼るのが苦手だ。遠慮してしまう。わたしの周りでも「人に頼ることができなくて悩んでいる」といった声を多く聞きます。そんな皆さんに伝えておきたいマインドセットがあります。

それは、**頼らないことによる不利益を考える**ことです。

自分が頼らないことで、発生する不利益について考えてほしいのです。同じ目標に向かって日々活動している会社や組織などの複数人が集まったチームに属している場合、頼ることができないことによる不利益は明確です。

人には得意不得意があります。慣れているか慣れていないかもあります。チームに属している各メンバーは自分のポジションを持っています。多くの場合、得意なことや慣れていることを担当しているでしょう。その方が強いチームになるからです。

わたしは35歳の頃、課長という役職についていました。営業部に所属するメンバー全体の状況を把握する。困っている人がいたらフォローする。一人ひとりの能力を最大限に発揮できるようにリソースの配分を調整する。士気が下がらないように良い雰囲気を作って保つ。人間関係の問題があれば解決する。これらの仕事が課長の責務でした。

これらはマネージャーとしての仕事です。しかし、課長の仕事はそれだけではありませんでした。プレイヤーとしての営業活動、店舗開発業務、それに付随する資料作りや手配、段取りなどを任されていました。調子の良い時や平常運転時は残業や休日出勤をしながらでも何とかこなしていました。しかし、トラブルやクレーム対応などのイレギュラーな出来事が起こった時、心の余裕を失ってしまいます。

そんな時、わたしは人に頼ることができず、自分だけで抱え込んでいました。目先にある「やらないといけない仕事」に終われ続ける毎日。マネージャーとしての仕事までとても手が回りません。

この場合、不利益を被るのは誰でしょうか？　**わたしだけではありません。むしろわたし以外のチームメンバーの方が、被害を受けるでしょう。**

何しろ、マネージャー不在のような状況です。何か悩みがあっても、いつも忙しそうにバタバタしている課長に相談しにいくには精神的なハードルが高い。わたしのチームメンバーは心底困っていたと思います。

キャパオーバーで仕事が回らない状況を引き起こしてしまうと、自分だけでなく周りのメンバーや組織全体に悪い影響を及ぼします。エスカレートすると心や体を壊して、病欠や離脱することになり、それこそ大きな迷惑をかけることになります。

これは、仕事の場面に限った話ではありません。家庭や友人との関係においても全く同じことが言えます。**自分が頼らないことで、自分に関わる周りの人に不利益が生じることを覚えておいてください。**特に、立場が上の方にある人は要注意です。是正してくれる人が少なくなるからです。

これは、自分だけの問題ではない。

そう考えて、**勇気を持って覚悟を決めて任せましょう。**

03

弱さをさらけだす

35歳の時、わたしは**弱さをさらけ出しました。**（序章　Episode05：35歳どん底）自分ができないことを認め、力を貸してほしいと同僚たちを頼ったのです。

この「弱さをさらけ出す」という行為はその後、わたしが人を巻き込めるようになる大きな転機となりました。

たくさんの人に応援されるようになり、その後、SNSの発信者となり、コミュニティのオーナーになった現在も、応援してくれる方たちが増え続けています。

さて、このページを読み進めていて「弱さをさらけ出すなんて……自分には怖くてできない」そんな思いが頭の中を巡った方もいらっしゃるのではないでしょうか？

わたしもそうであったように、多くの方がそう考えているのでしょう。それではここで皆さんに、弱さをさらけ出すことができない理由についてお伝えします。

多くの方が弱さをさらけ出せない理由。それは「助けてもらえないのではないか？」というマインドブロックが発動するからではないでしょうか。わたしの場合はこれでした。

ただ、それを超える危機を迎え、それどころではなくなった時、なりふり構わず、さらけ出すしかありませんでした。そして助けてもらうことができました。

窮地を一緒に乗り越えた同志たちとは、心が1つに繋がって良い関係性でいられる。皆さんもこんな経験があるのではないでしょうか。

窮地に陥ると、自分をそのままさらけ出すしかなくなるからでしょう。戦友とよばれる、あれのことですよね。戦友となった人たちとは、無意識レベルで「持ちつ持たれつ」が発動して、お互いに頼り合うようになっていると思いませんか？

ここに大きなヒントがあります。人は元来、他人のことを応援したいと思っています。なぜなら、**誰かの為になることによる他者貢献感は自分の幸福感に直結するから**

です。

わたしは職場で同僚たちに応援されていないと感じていました。だからこそ、弱さをさらけ出して頼るのが怖かったのです。しかし、同僚たちがわたしのことを応援することができなかった理由。それはわたしが嫌われていたからではありませんでした。

何を応援すれば良いかがわからなかったのです。 そして、応援を望んでいるのかどうかもわからなかったのです。人は他人を応援したい。しかし、応援できない。その理由は、**何に困っていて何を望んでいるのかがわからない**からなのです。

自分は誰からも助けてもらえない。嫌われているのではないか？　そんな風に感じたことがある方は、胸に手を当てて思い返してみましょう。助ける側だって勇気がいるのです。助けて欲しいと思ってない人を助けてしまっても、ただのお節介になってしまいます。

限界を知り、覚悟を決める。そして、自分の弱さをさらけ出す。

これは**正しく頼るための絶対条件**です。

当然のことながら、むやみやたらにさらけ出せということではありません。さらけ出す相手やさらけ出す時の前提条件があります。これは、後の章にて解説します。
また、人にはそれぞれの価値観や考え方があります。物事は多面的であり、視点や切り口によって様々な見解があります。

どれが正解でどれが不正解ということでなく、それらをお互いに尊重するフラットな姿勢を持っていることも人間関係を円滑にできるコツです。
自分が困っていることだけではなく、価値観や考え方、美意識や美学、独自の哲学などの内面的なものは表には見えません。内面にあるものは自然には伝わらない。
これは当たり前のことでありながら、意外と忘れがちなことです。

人の力を借りて、物事を好転させたい。そう思うのであれば弱さをさらけ出すだけでなく、日頃から価値観や考え方を相手に共有しておくことも必要ですね。

04

頼るための覚悟を決める

「覚悟を決める」とは、自分がこれから起こることや選択したことに対して、迷いや不安を乗り越え、心の準備を整え受け入れることです。

正しく頼るための条件は覚悟を決めることである。

それでは、頼るための覚悟とは具体的にどのようなことなのでしょうか？　わたしが実際の体験を経て、必須だと考えている5つの覚悟をお伝えします。

1．責任は全て自分にある

人に頼ることができない。頼るのにマインドブロックが発動する。

その原因の1つが相手に申し訳ないという気持ちです。この気持ちを持ったことのある人は、胸に手を当てて思い返してみてください。**自分でやるべきだったことを、相手にやってもらうことになった時、その責任の所在までも相手に渡した気になっていなかったでしょうか？** 懺悔します。わたしは丸投げしたつもりになっていました。そして、これは大変な間違いでした。

人に頼るとは、責任を相手に押し付けることではありません。責任は自分で持つのです。頼って任せたからには、どのような結果になろうとも頼られて任された相手の責任ではありません。頼った自分自身の責任なのです。**頼る前提として、責任は全て自分で持つという覚悟が必要**なのです。

この考えを持つことによって、頼ることは甘えることだというマインドも取り払われるのではないでしょうか。

○2．敬意を払う

人に頼る時、その相手はあなたに時間を割くことになります。限られたリソースをあなたのために使ってくれるのです。

そのため、最大限に敬意を払う必要があります。後輩や部下、家族や子供に対しても一緒です。あなたが行うべき、あなたのポジションが担っている役割を手伝ってもらったり、手を貸してもらったり、アドバイスをもらったりするのです。

どんな相手であろうと、敬意を払いましょう。どれだけプライドが高く、位が高い人でも、頼る相手には敬意を払う。頼るためには、この覚悟も必須になります。

○3．こだわりを捨てる

素直になりましょう。時には腑に落ちない助言や、そうじゃない！　と思うような助けられ方をするかもしれません。

しかし、頼るからには素直にそして謙虚にならないといけません。

自分のこだわりを捨てて、客観的な視点を持つことが必要です。

頼る時、あなたは余裕を失っています。**無駄なこだわりは捨てて、頼った相手に身を委ね、真摯に受け止める覚悟を持ってください。**

4．感謝する

頼らせてもらえることに感謝しましょう。当たり前ではありません。そして、**忘れてはならないのは、その後の経過や結果の報告です。**

自分では思いつかなかったアイデアをもらったり、ずっと超えることができなかったハードルを乗り越えるきっかけとなる助言をもらったり、前に進むことができてない時に突破口を教えてもらったり、その場での感謝の言葉を伝えるのはもちろんのこと、その後の結果報告も忘れてはいけません。

これを忘れてしまうと、結局、困った時だけ頼ってくるのだな。と、がっかりされてしまうでしょう。

5．頼ってもらう前提で頼る

最後に最も重要な覚悟。

それは、頼ってもらう前提で頼る。この覚悟を持ってください。

持ちつ持たれつの関係の成立は人間関係を円滑にします。

お互いに信用信頼できている状態。これは、一方的に頼るだけでも、一方的に頼られるだけでも成立しません。

恩は返す前提で受ける。そして、返すだけでなく回す。恩を受けた相手に返すだけは、これまた当たり前です。そうではなく、自分が受けた施しは第3者に回していくのです。

人は余裕がある時、他人に優しくできます。他人を助けることができます。

その余裕を作るためにいったん頼るのです。

35歳の時、それまで人を頼ることができなかったわたしは、限界を知り覚悟を決めることでそれまでの苦しかった人生から抜け出すことができました。

「序章 Episode05:35歳のどん底」は、まさに、これらを知るきっかけとなったエピソードです。振り返って読んでみてください。

05

覚悟を決めるために必要なもの

「第3章：覚悟を決める」の締めくくりに、とても重要なことをお伝えします。
本書のテーマは、「やりたいこと」が「できる」ようになることです。
「やりたいこと」が「できる」とは

人生の目的に向かって
自信を持って
自分で舵を取り
前進し続けている状態

これはまさに最高の生き方であり、自己実現できている状態と言っても良いでしょう。この状態に辿り着くためには、自信を作り、そして育てていく必要があります。参照（序章　02：「やりたいこと」が「できる」とは？）

その具体的なメソッドとして起点となるのが、正しく頼ること。

本章では、その前提として必要な「覚悟を決める」について解説してきました。ここで再び、35歳の時のエピソード（序章　Episode05：35歳のどん底）を振り返りましょう。

あの時、わたしは同僚を頼りました。**「頼る」という行動を起こしました。自信を作り、育てるためには行動することが必要不可欠**です。

そして、**行動するには覚悟が必要**です。泣きながら同僚に相談するという行動には、心理的障壁があります。当時課長だったわたしは同僚に頼るという行為について恥ずかしいと考えていましたし、プライドもありました。それでもわたしが行動できた理由は何だったのか？　それは、覚悟を決めたからです。

さて、わたしはなぜ覚悟を決めることができたのでしょうか？　それは、**危機感があったからです。**心身ともに限界に近づいていて命の危険を感じていたからこそ、背に腹は変えられずに行動することができました。

そう、覚悟を決めるには危機感を持っている必要があります。**心理的障壁を超えるだけの危機感が必要**なのです。

覚悟を決めるのに関係のある要素がもう1つあります。それは、価値観です。どのような価値観を持って生きているのか。すなわち、自分の人生の目的が明確になっていないといけません。**自分の価値観が明確でないと、心理的障壁を超えてまで覚悟を決める必要があるのかがわからないから**です。

20代から30代を忙しく過ごし、40代や50代になった。そろそろ余裕も出てきたし、人生を悔いなく過ごすために、自分の夢を思い出して追いかけたい。

でも、なかなか行動できない。セーフティーゾーンから一歩踏み出す覚悟が決まらない。こういう場合に多いのが、価値観を見失っているケースです。

「序章 01：人はなぜ「やりたいこと」ができなくなるのか？」にて、「将来の夢や目標」を答えられなかったわたしと同じように、思考停止状態で生きている期間が長くなると、自分の価値観を見失ってしまいます。

覚悟を決めるのに必要なもの

1. 危機感
2. 価値観

なかなか覚悟を決めることができない。そんな自覚のある方は、危機感と価値観について考える時間を取りましょう。この2つが明確になれば、覚悟は決まります。

そして、次のステップである正しく頼るという行動を起こすことができます。

第1章：人のせいにしない
第2章：思いやりを持つ
第3章：覚悟を決める

ここまでを学んだあなたは、**頼るための前提条件**が整いました。
次章では、いよいよ正しく頼ることについて詳しく解説していきます。

IT'S NoT Too LATE!

4章 正しく頼る

人生再起動メソッド

01 人は皆、頼られたい

さて、第1章では「人のせいにしない」第2章で「思いやりを持つ」そして第3章では「覚悟を決める」と、正しく頼るための前提条件となる3つのステップについて解説してきました。

● 人生再起動メソッド

（自信の作り方）

1. 人のせいにしない
2. 思いやりを持つ
3. 覚悟を決める

4. 正しく頼る

5. 人の力になる

6. 自信の落とし穴を知る
（自信の使い方）

7. 挑み続ける

第4章ではいよいよ、人生再起動メソッドの核となる「正しく頼る」に必要な考え方や知見をお伝えしていきます。

ベストセラーになった、『嫌われる勇気』（ダイヤモンド社）では、フロイト、ユングと並ぶ心理学三大巨匠の一人、アルフレッド・アドラーの思想を解き明かされています。そのアドラーが提唱したアドラー心理学では、他者貢献感そのものが幸福感であるという解釈がされています。

幸福とは貢献感、つまり誰かの役に立っているという感覚そのものが幸福感。貢献感とは主観的な感覚であり、自分が貢献していると思えればそれでいい。他者に対して貢献しようと自分で行動する。そして、貢献できていると感じることができれば幸せを感じることができるのです。

どんな人でも誰かに必要とされたい。なぜなら、それ自体が幸せだからです。

そう、**人は皆、頼られたいと思っている**のです。

わたしが2021年から運営しているオンラインコミュニティ「いれぶん塾」に、心のオアシスというDMグループがあります。このグループには「メンタルが弱いという自覚があり自信がない」「自信がなくて行動できない」というメンバーが集まっています。ここで起きたことを共有させてください。

メンバーの1人が、自分のできていないことや悩みを長文で投稿する。そうすると、他のメンバーがその悩みに対しての助言や共感、慰めのメッセージを投稿します。自信のないメンバー同士、共感をもらえることは嬉しい。「ありがとうございます」という感謝の言葉がタイムラインに飛び交っています。

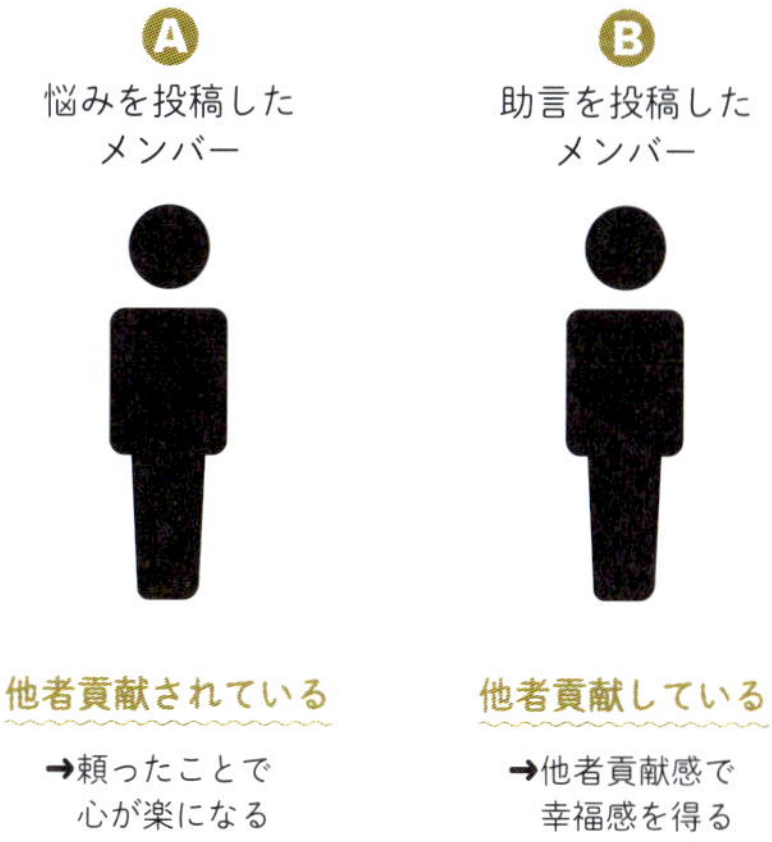

この時、起こっていることを他者貢献感をテーマにして図解にすると、こうなります（上図）。

この後、Bさんは自信をつけてどんどん行動できるようになっていきました。この出来事をきっかけに自分でも誰かの役に立てるのだと気がついたそうです。発信活動に力を入れて継続できるようになり、今ではフォロワー数2万人を超えるインフルエンサーになりました。

そして、この時、実はAさんも他者に貢献しています。悩みを投稿したことによって、Bさんが他者に貢献する機会を作ったからです。結果、Bさんに行動することができるようになる自信をもたらしたのですから、大きな功績ですよね。

Bさんに他者貢献する機会を与えたAさんもまた実は他者貢献をしている

わたしは、これを「他者貢献されることによる他者貢献」と呼んでいます。他人を頼ることに対してネガティブな感情を持ってしまう人は、是非この「他者貢献されることによる他者貢献」のことを覚えておいてください。

繰り返しますが、どんな人でも誰かに必要とされたいのです。

人は皆、頼られたいのです。

前章までの前提を知り、それらを揃えているあなたは、正しく頼れるようになっています。頼ること自体も、また他者貢献になる。このロジックを知ると**今まで気づかなかった他者貢献感を自覚できる**ようになります。

これを自覚できるようになると、どんどん人に頼れるようになるのです。

02 頼る相手を間違えない

正しく頼る上で、欠かせないことがあります。
それは、頼る相手を間違えないこと。

相互の他者貢献感、そしてお互いに善意を持って、持ちつ持たれつの関係が成立する相手に頼らないと、場合によってはネガティブな結果に終わることもあるでしょう。頼ったことでの失敗体験があり、それがその後の心理的ハードルになっている方は、今一度、頼る相手の選び方をチェックしてみて欲しいのです。

そこで、持ちつ持たれつの前提条件を7つにまとめました。
1つずつ、チェックしてみましょう。

●持ちつ持たれつの前提条件

1．相互利益の存在

お互いに利益がある関係を築く。例えば、ビジネスパートナーがそれぞれの強みを活かして協力することで、共通の目標を達成する。

ｗｉｎ－ｗｉｎになれる関係ですね。お互いにｗｉｎ－ｗｉｎになれるように工夫することも含まれます。また、お互いに理解できるように丁寧に説明することも必要です。

2．信頼と透明性

信頼関係が築かれ、情報の共有が透明に行われる。信頼の欠如が誤解や対立を引き起こす可能性を防ぎます。

これは弱さをさらけ出すことで得られます。そして、今の自分の状況や力を貸してほしい理由をぼんやりさせず、誤魔化さず、覚悟を持ち、誠意を持って説明する必要があります。

3. 共通の価値観や目標

同じ価値観や目標を持つこと。例えば、動物保護に対する同じ熱意を持つ団体が協力することで、より大きな影響を与える。

会社や家族、趣味などのチームやコミュニティ、同じテーマを持った人が集まっている場所で成り立ちますね。自分の価値観や目標を明確に伝えることも必要です。

4. 相互のニーズの理解

お互いのニーズや要求を理解し、それに応えること。これにより、一方的な関係ではなく、双方にとって有益な関係が築ける。

お互いに弱さをさらけ出していること。どんなことで力を貸してほしいのか？そしてそれは将来的にどんなことに繋がるのか？　を共有しましょう。

5．コミュニケーションの効率性

効果的なコミュニケーションが行われること。誤解を避けるために、定期的な対話やフィードバックの機会を設ける。

内面的なこと（価値観や考え方、気持ちなど）は黙っていても伝わりません。情報の共有、進捗の確認ができるコミュニケーションの場を仕組みにするのも有効な方法です。

6．柔軟性と適応性

変化する状況に柔軟に対応できること。例えば、市場の変化や新たな課題に対して迅速に対応し、お互いをサポートする。

こだわりや執着は捨てましょう。一度決めたことでも、それがベストではありません。環境や状況は常に変化します。常に課題を見つけて、毎日改善を続けていく。このような姿勢を持ちましょう。

7．対等な立場の維持

一方がもう一方を支配することなく、対等な立場を保つこと。これにより、対立を避け、協力的な関係を維持できる。

これはとても重要。どんな相手であろうと、持ちつ持たれつが成立する条件はフラットな関係性であることです。

必ずしも全てを満たしている必要はありませんが、これらの条件を考慮することで、持ちつ持たれつの関係がより強固に、そして効果的に機能することが期待されます。

また、頼る相手の余力、そしてタイミングも気遣いましょう。

頼るのを止めろということではありません。配慮した上で頼れば良いのです。

思いやりは全ての前提になってきます。

03

アタッチメント理論とアンカーコミュニティ

アタッチメント理論とは、イギリスの精神科医であるジョン・ボウルビーが1960年代に提唱した発達心理学の理論です。愛着理論とも呼ばれ、人は生後6ヶ月から2歳までの頃、養育者となる大人に対して愛着を示し、愛着の対象者を安全基地として使うようになる。安全基地を拠点にして探索活動を行い、またそこへ戻る。不安を感じることがあれば、いつでも安全基地に戻れるという安心を確保しているからこそ、リスクを伴ったとしても新しいことに挑戦していける。

安全基地は、大人にも必要です。人生再起動メソッドにおいては、正しく頼ることが必要。**頼る相手である仲間が必要**です。

人が2人以上集まれば、それはコミュニティと呼ばれます。信頼できる人がいるコミュニティ。そのコミュニティに属していれば、心や体が傷ついた時、戻って来れる安全基地になります。

人は成長し、大人になるにつれて、多くの場合、自分の養育者だけでなく、その他のたくさんのコミュニティに所属するようになります。そして、同時に自立するようになっていきます。依存ばかりしていると、成長の機会を失ってしまうからです。自立するようになると、自然とたくましくなります。たくましくなると同時に、いざという時に甘えることができなくなってくる。これは大人になるということで生じるジレンマですね。

また、複数のコミュニティに属していても、そのいずれのコミュニティでも心を開くことができない。そんなことでは、余計疲れてしまいます。

人生を再起動する。その原動力となる自信を手に入れるためには、頼れる仲間が必要です。

それは、**心を許せる信頼できる仲間である必要があります。**

大きな碇を下ろした母船が港に停泊していれば、安心して冒険に出かけることができます。危険な冒険で傷を負っても、船に帰れば誰かがいてくれて、傷の手当をしてもらえる。

そんな、自分の味方がいる場所。様々なコミュニティに属している中でも、自分にとって、一番の安全基地にできる場所。

わたしはそれを**アンカーコミュニティ**と呼んでいます。

皆さんは日常的に身体的に大きな傷を追うような冒険をするわけではありませんが、心に小さな傷を追うような出来事は毎日のように起こります。

職場や家庭には人間関係のしがらみが存在します。職場や家庭における出来事で心に傷を追うことも多いでしょう。3つ目の場所。**サードプレイスとしてのアンカーコミュニティを持つことができると、人生はぐっと楽になります。**

趣味や学びなど、共通の目的を持って集まっている場所をアンカーコミュニティにできると、思い切った挑戦や行動ができるようになります。何かあった時に駆け込むことができて、仲間に頼ることができるからです。

どこにいても、趣味や共通のテーマの仲間と繋がれるオンラインコミュニティはとってもおすすめです。

わたしの運営するオンラインコミュニティ「いれぶん塾」をアンカーコミュニティにしている人は多数いらっしゃいます。

是非、色々なサードプレイスをお試しになって、ご自身に合ったアンカーコミュニティを見つけてください。

04 フラットな関係

前述した、持ちつ持たれつの前提条件の1つである、対等な立場の維持。**正しく頼るためには、お互いに上下関係のないフラットな関係であることがとても重要になります。**大切でありながら、難易度の高いところでもあるため、ここでもう少し掘り下げていきます。

子供の頃は、誰しも未熟である自覚があります。まだこれから新しいことを覚えていく必要があることを知っているからです。親や先生、先輩、年配者のことを頼り、言うことを素直に聞き入れ、成長していきます。

日本における成人年齢は、2022年4月1日より民法改正によって18歳に引き下げられました。成人とは、親の親権に服さなくなる年齢です。人が成ると書くので一人前になったような意味合いを感じますが、実際にはどうでしょうか？

高校を卒業後、4年制大学に進学すれば就職して社会に出るのは22歳を超えてからです。20代は社会全体から見ればひよっこです。

そこから、社会人としての立ち回りや心構え、仕事を覚えていく必要があります。1つの会社で5年も勤続すると今度は役職がつき、管理したり教える立場になっていきます。40代になると、課長や部長という会社の組織でも中堅から上層部に近い位置まで昇進する人も出てきます。50代にもなれば、役員として経営陣に加わる場合もあるでしょう。それでも、まだまだ学べることはいくらでもあります。

わたしの敬愛する祖父は2024年に97歳でこの世を去りました。90代になってからも携帯電話でメールを送る方法を覚えたり、1人暮らしをして料理を始めたり、ルービックキューブの技を磨いたり、新しいことに挑戦し続けました。体が弱ったあとも1人でトイレに行ったり、亡くなる前日まで施設の食堂に自力で向かったり、家族をユーモアで笑わせようとしたりと決して向上心を忘れませんでした。人生とは死という終わりを迎える寸前まで学び、前進し続けることができるものなのです。

わたしは、35歳の頃、課長という役職まで昇進していました。ポジション的には完全に教える側の立場です。それでもまだまだ未熟でした。周りからは頼られることはあるのに、自分からは頼ることができませんでした。その結果、仕事を抱えすぎてパンクしてしまったのです。

人は皆、未熟です。それなのになぜか、勘違いしてしまいます。

年齢や経験歴、役職や立場、肩書き、年収や売上などの数字による権威性などによって人を上下で見るようになります。**傲慢になったり、威張ったり、必要のないプライドを理由に人の話を聞かなくなったり、頼ることができなくなってしまいます。**

1人ひとり、それぞれのポジションや役割があります。その1つひとつが必要であり、誰一人と欠かすことはできません。

決して自分を卑下したり、相手を見下したりすることをせず、立場や人格を尊重し

あうことが必要なのです。

未熟だった私は、忙しさにかまけて1人ひとりの相手と向き合うことを疎《おろそ》かにしていました。自分のことしか考えず、自分の仕事ばかりして、人の心を蔑《ないがし》ろにしていました。そんな上司に誰がついていくのでしょうか？

社長も新入社員も、同じ1人の人間です。役割や背負っている責任が違うだけで本質的にはフラットな関係なのです。どっちが偉いとかありません。

このことに気づいてから、**わたしは1人ひとりと向き合い、フラットな関係を保つことを徹底するようになりました。**

これは人生を大きく好転させるきっかけになりました。気兼ねなく頼り、気兼ねなく頼られるようになったのです。持ちつ持たれつの関係がどんどん生まれるようになりました。

正しく頼るためには、フラットな関係を作ることがとても重要なのです。

05

本当の自立とは？

「20代にもなって、いつまで実家でぬくぬくしているの？　早く自立しなさい！」

ドラマか小説か映画なのかはわかりませんが、こんなセリフをどこかで目か耳にした覚えがありませんか？

いつまでも親に頼らずに自分の世話は自分でして、独立して暮らしなさい。こんなニュアンスの意味だと受け取りますよね。

自立するとは、どういう意味なのでしょうか？

チャットGPTに尋ねると、次のような答えが返ってきました。

○チャットGPT回答

「自立する」とは他人に頼らず、自分の力で物事を判断し、行動し、責任を持って生きていくことを指します。自立には、経済的な自立、精神的な自立、社会的な自立といった異なる側面が含まれます。

経済的な自立は、自分の収入で生活費をまかなえることを意味し、他人からの金銭的な援助が不要な状態です。精神的な自立とは、価値観や信念に基づいて意思決定を行い、自分の感情をコントロールできることを意味します。社会的な自立は、社会において適切なコミュニケーションを行い、責任を果たしつつ周囲と共生できることです。

自立は、自己管理能力や問題解決能力を育むことによって達成され、個人の成長や自己肯定感、さらには幸福感にもつながります。

なるほど、なるほど。なかなかわかりやすい回答だと思いますが、1点突っ込みたい点があったので質問してみました。

1行目に「他人に頼らず」という表現があるのですが、現代社会において、誰一人にも頼らずに自立することなどできるのでしょうか？

○チャットGPT回答

現代社会において、完全に誰にも頼らずに自立することは難しいと言えます。人間は社会的な生き物であり、日々の生活や仕事、教育、健康管理など、多くの場面で他者との関わりが必要です。自立とは「誰の助けも借りずに生きる」ことではなく、自分の責任で決断を行い、必要な時には適切に周囲の支援を受け入れることが含まれます。

例えば、私たちは社会のインフラや制度に依存しています。食料を得るために生産者や流通業者が関わり、健康を維持するために医療従事者の支援が必要です。本当の意味での自立とは、意味のあるサポートを求めつつも、自分の意志で選択をし、生活を営む力を持つことです。

現代における「相互依存」は、他人に頼るだけでなく、自分のスキル

やリソースを提供して他者を助けることも含まれます。自立の本質は、孤独を避けつつ、自らの判断で選択し、行動する力を持つことにあります。自分の人生に対し主体的に関わることが、自立の真の姿と言えます。

何とも優秀な回答が返ってきました。

わたしの言いたいことの大部分を代弁してくれています。

現代社会で生きるためには、電気もガスも水道も必要です。病院もスーパーも学校も警察も、農業も漁業も林業も、運送業も製造業も必要なのです。

生活に必要なインフラを確保するのに、誰かに頼らないわけにはいきません。

本当の自立とは、依存先を増やすこと。一方で、頼り切ることなく自分で責任を持ち、主体的に決断したり行動したりすること。そして積極的に他者を頼りながら、自分の役割や得意としていることで、他者に貢献すること。

正しく頼り、正しく頼られることで人は自立するのです。

そうすることで、自分を信頼できるようになります。しがらみを気にせず、内面的な安定と充実感を持って自分らしく行動できるようになります。

自信を作り、「やりたいこと」が「できる」ようになるのです。

06 覚悟を決めれば正しく頼れる

「序章 Episode04：26歳の逆境」はお読みになりましたか？

あれほど生々しい自己開示エピソードを本書に載せた理由。それは、まさに「覚悟を決めて正しく頼る」がどういうことなのかを示していると考えたからです。

わたしの両親は限界を超え、覚悟を決めました。そして、唯一頼ることのできるであろう息子のわたしを頼りました。決して人のせいにせず、お金で困っていることを一切明かさずに、思いやりをもってわたしを育ててくれました。そして限界まで努力した末、覚悟を決めて息子に正しく頼ったのです。

正しく頼られたわたしは、迷いなく本気で全力で両親を助けたいと思い、行動しました。そして、問題を解決できただけなく、わたしは両親のことを深く理解することができました。また両親に貢献できたことは自信になりました。

わたしは、当時の彼女（現在の妻）を頼りました。包み隠さず、全てをさらけ出したことで妻はわたしを助けてくれました。この時の恩は今でも忘れません。

そして、**人は未熟であり、弱いものであり、お互いに頼りあって力を貸しあって、持ちつ持たれつの関係で生きていくもの。**

人生においてとても大切なことを学ぶことができました。

漫画『ONE PIECE（ワンピース）』の倭の国編では、主人公ルフィの仲間たちが敵の本拠地である鬼ヶ島に乗り込みますが、島に上陸した際、倭の国の侍たちは自分たちが乗ってきた船を次々と海へ沈めていきます。

「どうしたんだ？」と不思議に思うルフィに、侍を率いる錦えもんはこう答えます。

「全て沈めていく！　帰りの船など要らぬゆえ！」

勝つか死ぬか。全員迷いなくその覚悟。「四皇」に挑む姿勢に一切の驕りなし。

※四皇……漫画『ONE PIECE（ワンピース）』に登場する、偉大なる航路（グランドライン）の後半の海（新世界）を支配する4人の大海賊

侍たちは自らの退路を断つとともに、停泊した船を発見されて、敵を戦闘体制にすることを防いだのです。これは士気が上がりますよね。

人は覚悟を決めると強い。覚悟を決めるだけで強くなれます。なぜならそこには迷いがないからです。

仲間や友人、大切な人が覚悟を決めた時、あなたはどう思いますか？　尊敬や敬意を持つことでしょう。覚悟を決めた勇気や責任感を尊いを思うからです。また、信念や真剣さを感じて、真摯に向き合うでしょう。迷うことなき安心感や頼もしさにも繋がります。

誰かが覚悟を持って何かに立ち向かう姿は、人の心を動かします。それが特に自分と近い距離にある人やテーマであれば、共感や感動が生まれます。

「自分もこんな覚悟を持って行動したい」と、ポジティブな影響を受けるでしょう。

信念を持った覚悟に、人は憧れるのです。


自分は人に頼ることが苦手だ。なかなか手を貸してもらえない。そんな自覚がある人は、頼る前の覚悟が足りていないのではないでしょうか？

本気で挑戦して、自分の限界を思い知り、それでも尚、成し遂げたいことを諦めずに覚悟を決めて頼ってきた時、ほとんどの人はできる限りの力を貸すでしょう。


覚悟を決めましょう。

そして、どんどん人に頼り、力を借りましょう。


さて、次章ではいよいよ「自信の作り方」の最終ステップである「人の力になる」を解説していきます。

5章 人の力になる

人生再起動メソッド

IT'S NOT TOO LATE!

01 感謝の気持ちを原動力にする

ここまで人生再起動メソッドの4つのステップにより、正しく頼ることの条件やその意味について理解をいただけたあなたは、人に頼れるようになりました。そして、覚悟を決めたことで行動できるようになりました。

● 人生再起動メソッド

（自信の作り方）

1. 人のせいにしない
2. 思いやりを持つ
3. 覚悟を決める

4. 正しく頼る
5. 人の力になる
6. 自信の落とし穴を知る
（自信の使い方）
7. 挑み続ける

第5章ではいよいよ、人生再起動メソッドの（自信の作り方）締めくくりステップになる「人の力になる」について解説していきます。

ここで少しおさらいです。本書は「やりたいこと」が「できる」ようになる方法を書いた本です。そのためのメソッドをここまで解説してきました。

「やりたいこと」が「できる」は次のような状態を定義しています。

「人生の目的に向かって
自信を持って」

自分で舵を取り
前進し続けている状態

これは『序章　02：「やりたいこと」が「できるとは？」』にて前述した通り、マズローの欲求5段階説における第5段階の欲求である自己実現欲求を満たしている状態です。つまり、自己実現できているということ。最高の生き方を手に入れていると言っても良いでしょう。

人生再起動メソッドの最重要キーワードは、正しく頼る。

第1章で学んだ、人のせいにしない
第2章で学んだ、思いやりを持つ
第3章で学んだ、覚悟を決める

この3つの前提を満たし、第4章では、正しく頼ることについて学びました。
人に頼り、力を借りることによってあなたは救われます。余白や余力を手にするこ

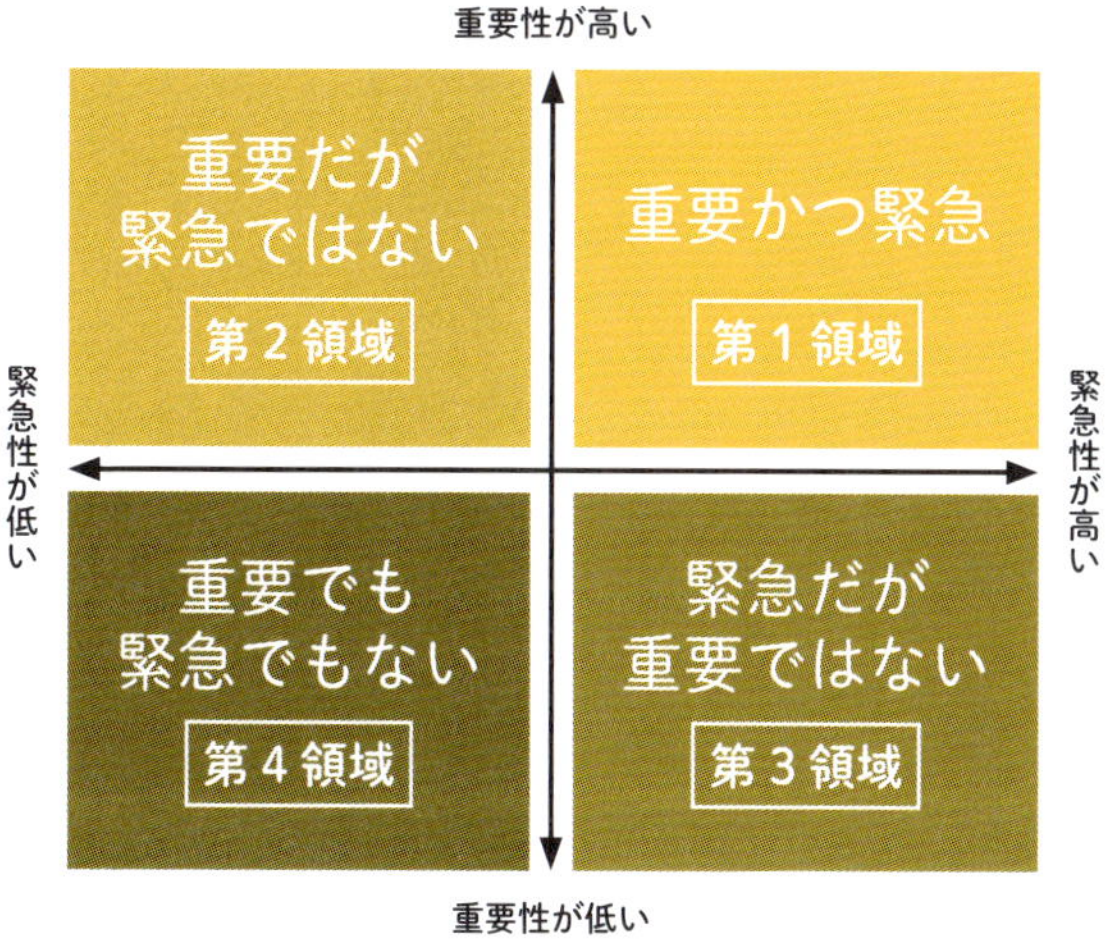

とができるでしょう。

タスクの緊急度と重要度を評価して優先順位をつける手法として、アイゼンハワーマトリクスというものがあります。

現代社会に生きるわたしたちは、日々慌ただしく過ごしており、多くの人は「重要かつ緊急なタスク（第1領域）」、「緊急だが重要でないタスク（第3領域）」の2つをこなすだけで精一杯です。

一方でスマホでSNSを開くたびに流れてくるショート動画やゴシップニュースを視聴する時間は毎日欠かしていないのではないでしょうか。これは、「重要でも緊急でもないタスク（第4領域）」に該当するでしょう。

皆さんもお気づきの通り、今の人生をより良いものに変えるのに必要なタスクである「重要だが緊急でないタスク（第2領域）」は、最も後回しになってしまう場合が多いのです。

わたしは、22歳で社会人になってからとにかく仕事に追われ続けました。残業や休日出勤で限界まで疲弊して、「序章　Episode05：35歳のどん底」で同僚に頼ったことで仕事での持ちつ持たれつが成立しました。ようやくそこから、周りの人を巻き込めるようになりました。

わたしは先に力を貸してもらったことで作ることができた余白や余力を使って、次のようなことをしました。

皆が嫌がるクレーム処理

詳細な目標設定

仕組み作り
ルール作り
課題の抽出と改善
同僚や後輩の悩みの解消
仕事が追いついていないメンバーのフォロー
人員配置の適正化
新しい取り組みの発案

これらは、全て「重要だが緊急でないタスク（第2領域）」に当たります。以前のわたしが1つもやっていなかったことです。これらの行動を積極的に行うようになったのをきっかけに、それまでの悩みは一気に解消して驚くくらいに仕事が楽しくなりました。

「重要だが緊急でないタスク（第2領域）」は全く実施することがなくても、短期的には問題はありません。しかし、長期的にはじわじわとダメージが蓄積していきます。

一見、やらなくても問題なさそうに見える。しかし実際には、気づかない内にゆっくりと確実に自分を蝕《むしば》んでいく。これは本当に恐ろしいことです。

わたしはなぜ、「重要だが緊急でないタスク（第2領域）」を実施できるようになったのでしょうか？　もちろん、余力や余白が確保できたからでもありますが、そうであっても、それまで全くやっていなかったことを次々と実施していくのには相当の負荷が掛かります。

それでも、迷いなく行動できたのは「感謝の気持ちを原動力」にしたからです。好意の返報性が発動したのです。（参照：2章04：返報性の原理）

感謝の気持ちは大きな力になります。正しく頼る。そして、感謝する。

このステップでは感謝の気持ちという大きな力を使って、どんどん人の力になれるように行動していきましょう。そして、確固たる自信を完成させていきましょう。

02 自分の得意なことに集中する

前項の通り、当時35歳のわたしは感謝の気持ちを原動力にして同僚の力になれるよう、日々尽力しました。その結果、手に入れたものがありました。

それは他者へ貢献することができているという感覚。他者貢献感です。

他者貢献感は想像していた以上に、幸福感を生み出してくれました。**自分のやっていることが誰かのためになっているという感覚が嬉しくて、更に貢献したい！　という気持ちが高まり、どんどん行動できるようになりました。**そして同僚からは感謝の言葉を掛けてもらえるようになりました。

この段階で、マズローの欲求5段階説における承認欲求（他者からの尊敬や肯定的な評価、有能感、達成感などを求める欲求）が満たされ、ついに5段階目である自己実現欲求、すなわち欠乏欲求から成長欲求へとステージに上がることができている感覚を掴めるようになりました。
いよいよ、自己実現に挑戦していけるところまで自信が育ってきたのです。

人の力になる。その前段で正しく頼ることを経験したことで、わたしは自分の得意なことに集中できるようになっていました。

前項のアイゼンハワーマトリクスにおける、「緊急だが重要でないタスク（第3領域）」を同僚に任せることができたため、「重要だが緊急でないタスク（第2領域）」に集中することができるようになったためです。

自分にしかできないこと、自分の経験が活かせること、そして自分のポジションだからこそできること、これらは自分の得意なことと言っていいでしょう。長けているからこそ、そのポジションを任されるのですしね。

自分の得意なことに集中することで、ますます活躍できるようになります。

チームや組織では、属するメンバー全員が自分の得意なことに集中することができると、とてつもないパフォーマンスを発揮できるようになります。

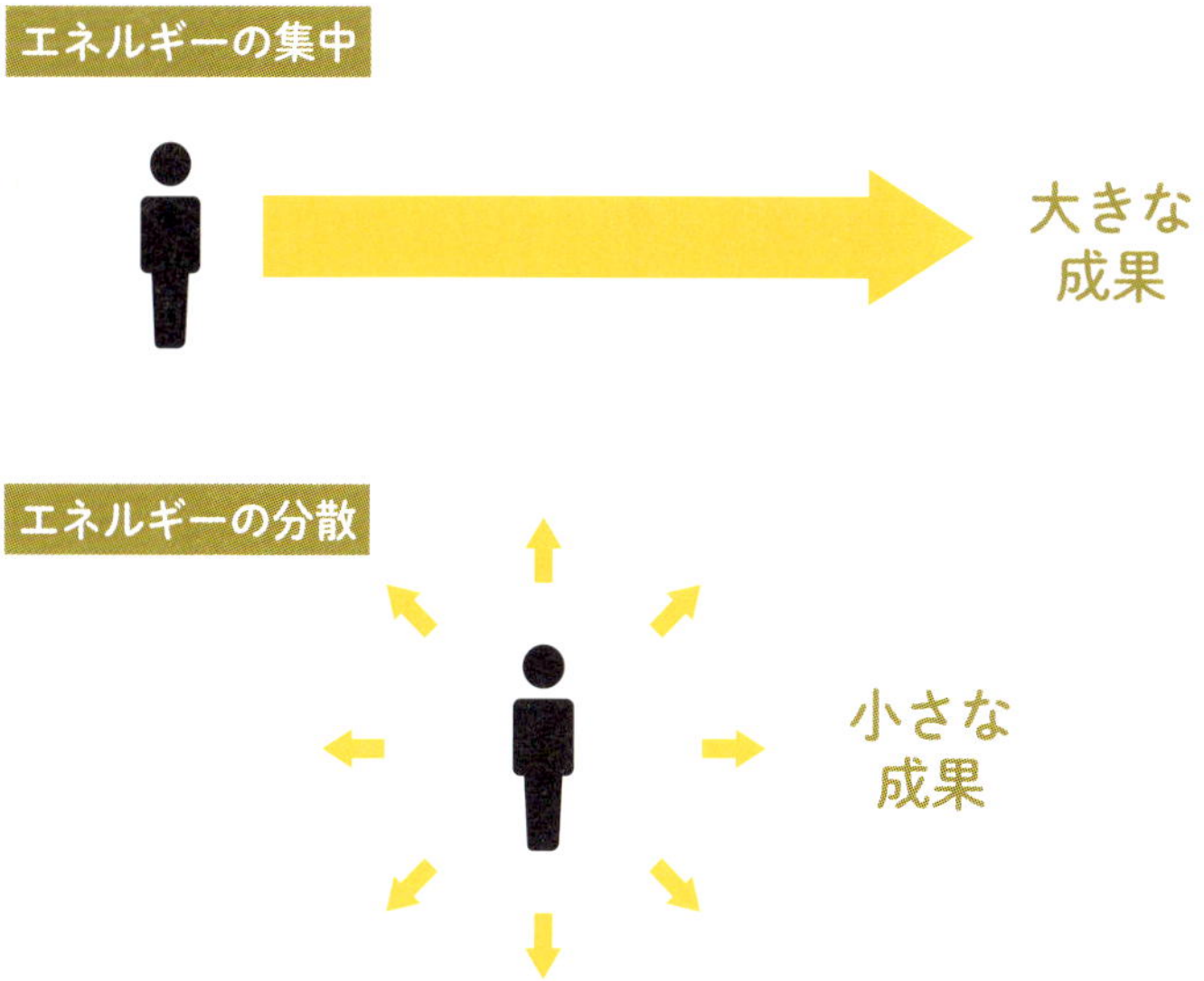

得意を伸ばせば突き抜けられるのです。一方で、苦手を「克服して伸ばす」のはとてもコスパが悪い。そう、適材適所こそが最強なのです。

もう1つ、お伝えしておきたいことがあります。

個性やポジション、ステージによってその人の「重要だが緊急でないタスク（第2領域）」と「緊急だが重要でないタスク（第3領域）」はそれぞれ異なります。

例えば、わたしが手放し、同僚を頼ったものの1つに「打ち合わせ用の資料作り」がありました。

これは、わたしにとっては「緊急だが重要でないタスク（第3領域）」だったのですが、十分な時間的猶予を確保して営業事務を自分のポジションとしている同僚に依頼をすれば、その同僚にとっては「重要だが緊急でないタスク（第2領域）」になります。

このような役割分担こそが適材適所ですよね。

アイゼンハワーマトリクスにおけるタスクの仕分け。

多くの人はこのように考えているのではないでしょうか？

【多くの人】

緊急かつ重要（第1領域）↓すぐにやる
重要だが緊急ではない（第2領域）↓落ち着いたらやる（やらない）
緊急だが重要ではない（第3領域）↓すぐにやる
緊急でもなく重要でもない（第4領域）↓疲れた時や息抜きにやる

しかし、わたしが考える最適解はこれです。

【最適解】

緊急かつ重要（第1領域）↓すぐにやるor得意な人に頼る
重要だが緊急ではない（第2領域）↓ルーティンに入れて必ずやる
緊急だが重要ではない（第3領域）↓得意な人に頼る
急でもなく重要でもない（第4領域）↓やらない

これを実行するだけでも、人生は大きく好転するでしょう。
皆が得意なことで実力を発揮し、それぞれの他者貢献感が高まり、士気も生産性もどんどん高まります。

03

持ちつ持たれつの完成

正しく頼ることにより余力を作る。余力を使って自分の得意なことに集中する。そして「重要だが緊急でないタスク（第2領域）」を積極的にこなすことによって他者に貢献する。

これこそが、人生再起動メソッドにおける人の力になるということです。

チームや組織、コミュニティにおいてお互いが人の力になる。

他者貢献感をもって幸福感を伴いながら行動する。

それぞれが自発的に、つまり自己決定のもと頼って、頼られる。

これこそが目指すべき姿、持ちつ持たれつの完成です。

承認欲求を満たし、自己決定感を伴い、自己実現欲求を満たすために、成長したいと思える。なんという健全な精神状態なのでしょうか。

ギブアンドテイクという言葉があります。どっちかだけがもらいっぱなしになったり、あげてばかりになるのじゃなくて、お互いが「ｇｉｖｅ」と「ｔａｋｅ」をし合うという意味です。

人を頼って力を貸してもらうことは「ｔａｋｅ」です。

しかし、実は力を貸すことで「ｇｉｖｅ」している側も、頼られることによって承認欲求を満たしたり、他者貢献感を得て幸せな気持ちになったり、自信をつけたりしています。

つまり、人を頼るという行為が「ｔａｋｅ」であり「ｇｉｖｅ」にもなっています。

○「ｔａｋｅ」が自然と「ｇｉｖｅ」になっている状態

持ち持たれつの関係が成立している状態では、人を頼ることで「ｔａｋｅ」が自然

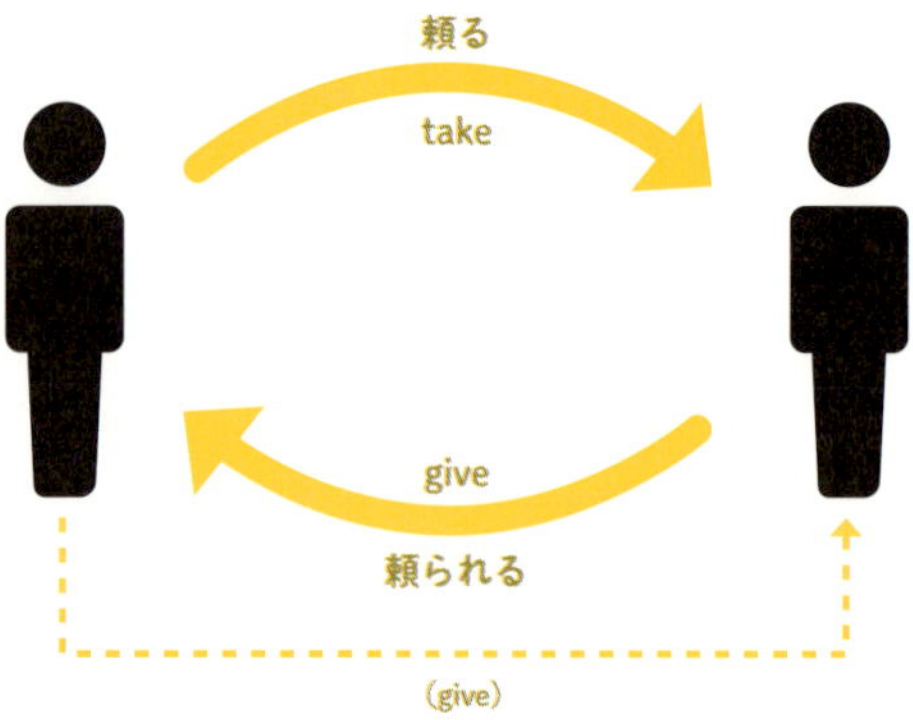

頼ることで相手に他者貢献感を与える
つまり「give」になっている

と「g・i・v・e」になっていきます。

相互の利他が生まれて、ポジティブスパイラル（だんだん良い方向へ向かう）がどんどん加速していくのです。

持ちつ持たれつの成立によって、自分は誰かのためになっている。そして自分は価値ある存在だということが実感できる。承認欲求が満たされていきます。

課長という立場なのに、課長らしい仕事が何もできていない。自分の仕事ばかりに追われていて周りの仲間を助けることができていない。そんな殺伐とした毎日を送っていたわたしでしたが、同僚に頼ったことをきっかけに、人の力になることができました。

「人の力になれたとき、世界は驚くほどに一変します。
自分を信頼することができる様になります。
しがらみを気にせずに、内面的な安定と充実感を持って、自分らしく
行動できる様になります。」

この時、わたしは自信を手に入れたのです。自信を手に入れたわたしは、「やりたいこと」が「できる」ようになりました。

「人生の目的に向かって、自信を持って、自分で舵を取り、前進してい
ける様になりました。」

自分で舵を取る。それは自己決定するということです。自己決定することでも幸福感を得て、どんどん成長したいと思える様になりました。

人の目を気にしたり、責任を負うことを恐れず、覚悟を決めて行動できる様になり

ました。頼り合うことができる仲間と共にです。

●人生再起動メソッド

（自信の作り方）

1. 人のせいにしない
2. 思いやりを持つ
3. 覚悟を決める
4. 正しく頼る
5. 人の力になる

わたしは、実体験でこの手順を踏み、自信を手にしました。人生が好転しただけではなく、人間関係の悩みも解消することができました。

人のせいにしない、思いやりを持つ、覚悟を決める。

この3つの条件を踏まえて上で、正しく頼る。

そして、人の力になる。

このメソッドを実行することで、自信を得ることができるのです。

さて、35歳で自信を手にして人生を好転させたわたしでしたが、42歳になり人生の全てを失うことになります。

わたしは、自信の落とし穴にハマりました。（参照　序章　Episode01：全てを失った日）

そう、人生再起動メソッドは「自信の作り方」だけでは足りていなかったのです。

次の第6章では、メソッドの締めくくり部分である「自信の使い方」について、お伝えします。

04

やるかやらないか迷ったらやる

やるかやらないか迷ったらやる。

この言葉は、わたしの人生における大切な言葉の1つになっています。
これは、サラリーマン時代に会社から派遣された3日間のビジネスマン向け自己啓発プログラムで叩き込まれたものです。

当時は鬼のような講師に、洗脳され続けるという事前情報に、腰が引けて嫌々で参加したのですが、この研修では多くの学びを得ることができました。
数ある学びや気づきの中で、この「やるかやらないか迷ったらやる」という行動指針は、結果的にこれまでの人生を大きく好転させたことに間違いありません。

この研修は丸3日間あり、研修中は携帯電話を含めた全ての持ち物を、主催者に預けないといけませんでした。受講者は期間中、研修に必要な物にしか触れることができません。参加者は総勢30名ほど。会場は名古屋で、珍しく雪が積もった冬の寒い日でした。ここで叩き込まれることの1つが、行動することの重要性だったのです。

人は行動する時に躊躇する場合があります。主に未知の領域や、未経験なことに挑戦する時です。他人の目、リスク、責任などを恐れてしまいます。恥ずかしさ、苦痛、苦労、この類はなるべく避けたいと思うのが通常ですよね。

一方で、人は行動せずして成長することはありません。成長・前進することには喜びがあり、幸福感があります。これはほとんどの人が知っている事実のはずです。それなのに、人は行動することができません。これは人生における大きなパラドックスのひとつと言っても良いでしょう。

国連の研究でも、日本人はとりわけ人生の選択の自由が低い傾向があり、その中でも自己決定度の高い人の方が、幸福度が高いということが明らかになっています。

マズローの欲求5段階説でも自己実現欲求は最上位にありますが、自己決定感＝幸福感であることもまた、実際になんらかの経験により、ほとんどの人が体感して知っているはずのことでしょう。


しかし、それでも行動しようとすると、逃れられないと思い込んでしまう責任とリスクに阻まれて、一歩目を踏み出すことができないことが多いのです。

わたしも例にもれず、行動できませんでした。

徹底的な事なかれ主義。面倒なことにはなるべく巻き込まれたくない。いざこざがあれば避けて通る。責任を伴うリーダーや責任者にはならないように逃げてきました。

しかし、この研修を受講して以降、わたしの行動指針は180度変わったのです。

矢面には立った方が良い。痛い思いをした方が学びや気づきは多い。どうせ同じことをするのであれば、受け身ではなく自ら決意・決断をする。その方がスッキリして気持ち良いし、やっていて楽しかったのです。

そしてシンプルに、行動＝経験値＝成長ということに気づきました。成功しても、失敗しても、どちらも学びになり前に進むことができます。

一方で「行動しない」場合は現状維持です。前には進んでいません。時代や他人が前に進めば、自分だけが後退していくことになります。

とはいえ、人間です。後ろ向きな気持ちをゼロにすることはできません。だったら、ルール化してしまえばいい。やるかやらないかを迷った時点で、やりたい気持ちはゼロではない。それならやる。やらなくて後悔することはあっても、やって後悔することは少ない。なぜならば、前進できるのだから。

ということで、

「やるかやらないか迷ったらやる」というルールを自分に課しました。

この言葉が念頭にある1年。そうではない1年。生まれる行動量の差は、とてつもなく大きくなります。

リーダーを任せてもらえるものには、立候補するようになりました。しつこいクレーマーへの対応、頑固なクライアントへの指導、大勢の前でのプレゼン、研修講師、社員同士の喧嘩の仲裁など、皆が避けることを積極的に請け負うようになりました。それらは、全て貴重な経験値となり、自分の武器になっています。ちょっとやそっとでは、メンタルが揺るがなくなりました。

人生はそこそこ長いです。理想の未来に向けて、少しでも成長して、前に進んでいきたいのであれば、早いうちに経験を積んでおいた方がゼッタイに得なのです。少し苦労をしてでも早めに強くなれば、その後ずっと楽しめます。

「やるかやらないか迷ったらやる」

たった1フレーズの言葉ではありますが、人生を大きく変える力を持っていると思っています。この研修を受けさせてくれた会社、そして当時の上司にはとても感謝しています。

皆さんにも、是非とも使っていただきたいと思い、本書にも書きました。

05 矢面に立つ意義

矢面に立つ。わたしはこの言葉が好きです。
チャットGPTに意味を尋ねると、次の様な回答がありました。

困難な状況や非難、攻撃の対象になるような場面で、その中心になって責任や対応を理解することを意味します。戦場で矢が飛んでくる方向（矢面）を正面から受けるという状況を比喩的に表したものです。

人が100人集まっています。そこで、何か問題が発生しました。解決しないと、100人全員に不利益があります。話し合って解決方法を探してください。
こんな状況になった時、あなたならどうしますか？

100人は自然と2つのグループに別れるでしょう。当事者と傍観者の2つです。積極的に解決案を考え、意見を出す人、その意見に反論をする人、別の意見を提案する人、それらをまとめたり、議論の進行をする人、これらの人は当事者です。それ以外の人は、人の輪の外側で、当事者が話し合っているのをただただ観ていま す。自分の意見は持っていません。考えてもいません。当事者が決めた解決方法に従うだけです。

さて、この問題を解決した時、当事者と傍観者ではどちらが大きな学びを得ることができるでしょうか?

答えは簡単ですね。当事者の方です。

考え、行動し、その結果を得る。経験値が貯まります。成功しようが失敗しようが、考えることも行動することもしてない傍観者よりも前進することができます。

練習を「している」人と練習を「観ている」人では、「している」人の方が上手くなるのです。スポーツも同じ。野球やサッカーは観ていても上手くなりません。

あなたの人生の主役はだれでしょうか？
師匠でも、先輩でも、親でも、子供でも、パートナーでもありません。
あなたですよね。

どんな時だって、主役になりましょう。出来事の中心にいる様にしましょう。チームや組織では積極的に役割を持ちましょう。リーダーに立候補しましょう。チャンスがあれば全て挑戦しましょう。主役や当事者、リーダーなど、責任が大きければ大きいほど、得られるものも大きくなります。失敗したっていいのです。挑戦もしていない人よりもよっぽど多くの学びがありますし、評価もされるでしょう。

矢面に立ちましょう。自己決定の責任から逃げない様にしましょう。自己決定感＝幸福感であり、成長感＝幸福感なのですから。矢面に立つことは、とても意義のあることなのです。できる限り、積極的に矢面に立つ。そしていつだって自分を主役とし

て考える。

これもわたしのルールになりました。

このルールを決めてから、本当に人生が楽しくなりました。

これこそが**自分で舵を取る**ということなのです。

6章
自信の使い方
人生再起動メソッド

IT'S NOT TOO LATE!

01 自信の落とし穴

人生再起動メソッド、いよいよ自信の作り方セクションに入りました。

●人生再起動メソッド

（自信の作り方）

1. 人のせいにしない
2. 思いやりを持つ
3. 覚悟を決める
4. 正しく頼る
5. 人の力になる

（自信の使い方）

6. 自信の落とし穴を知る

7. 挑み続ける

第6章では自信の落とし穴を知ることについてお伝えしていきます。

わたしは、35歳の時に自信を手に入れました。しかし42歳になって、またもやそれまでにないほどのどん底に叩き落とされました。（参照　序章　Episode01：全てを失った日）

しかし、そのどん底を乗り越えた後、人生が好転していき、毎日が楽しくて仕方のない、いつも機嫌の良い「最高の生き方」を手に入れました。

実は35歳のとき、わたしの人生はまだ再起動していませんでした。42歳になって、ようやく動き出したのです。このことに気づいたのは、なんと47歳になってからです。

これに気づいた時には、そうか、これこそが自分の強さの根源であり、物事が好転した理由だったのだと確信し、全ての謎が解けてスッキリした気持ちになりました。

わたしがなぜ、42歳からの人生を大きく変えることができたのか？　それは、成功体験を積み重ねて、自信を育てたからだけではありませんでした。

正しくは、自信の落とし穴に大きくハマったことで、そこで得た教訓から、自信の乗りこなし方を学んだからだったということがわかったのです。

そのおかげで、今後も発生する可能性のあるリスクの原因である、自分の弱点を強く認識しすることができました。

そして、それを克服して自信を使いこなすためのバランス感覚を身につけたのです。35歳の時、仕事を抱えすぎて、誰にも相談できず、頼ることができず、月間200時間以上の時間外労働が続き、2度も救急車で運ばれて過労死しかけました。この時、心も体も限界を迎えたことで、わたしは泣きながら助けを求め人を頼りました。そして人生は好転していきました。

持ちつ持たれつの関係、相互の利他、他者貢献感の交換が発動して、自己肯定感、自己効力感が高まり、自分の得意なことに集中して、仕事がデキるようになりました。

35歳のどん底から抜け出した時、わたしは自信を手に入れていたのです。それなのに、7年後、更なるどん底が待っていました。株式投資の失敗、そして会社での理不尽な失墜。

これまでは、更なる自分のネガティブな要素、言わば弱さに気づいて、真の意味で人生が好転していったと認識していました。しかし、そうではありませんでした。35歳の時、自信は出来上がりました。しかし、その自信が育ち積み上がっていった結果、毒となりました。わたしは自信が作った落とし穴に大きくハマったのです。

人は、自信が育ってくると、人の話を聞かなくなる傾向があります。思い上がってしまうのです。自分は何でもできると過信していきます。そして、傲慢になります。歪んだ価値観に陥り、過剰なリスクを取る様になります。素直さと謙虚さを失ってしまうのです。

世の中で、一流と呼ばれる人。今であれば、大谷翔平選手が象徴的ですが、彼はどれだけ記録を塗り替えて、成功体験をしても、傲慢な様子は微塵も感じさせません。

ずっと素直で謙虚で、更に上を目指し続けています。

わたしは、典型的な二流だったのです。自分はできると思い込み、過信しました。何となく、違和感を持ちながらも対策せず、脇が甘かったのです。根拠も何もないのに、ハイリスクな投資に手を出してしまいました。そして、足元を思いっきりすくわれたのです。

自信は、自己実現を促進するのに不可欠な要素であることは間違いありません。

しかし、自己認識、自己批判を併せ持って、バランスを保っていないといけません。そうしないと危険な側面があるのです。

ちょっと成功体験をしただけで、人の話を聞かなくなるようなお調子者や頑固者では、一流に辿り着くことはありません。

更に恐ろしいことに、大きく失敗した後でもなかなか気づきません。人は、想像以上に自分のことをわかっていないのです。

わたしが人生における大きな大きな失敗を経て、気づいてきたこと。世の中に提供するべきことは、自信の作り方だけではありませんでした。

自信の使い方を知ってはじめて、人生を再起動させることができるのです。

これに気づいた時、それまで抱えていた違和感が解消できました。

わたしは42歳のどん底を経験してから、バランス感覚がある、飄々としている、軽やかで抜け感がある、このような言葉を掛けてもらえることが増えました。

自信を作り出しただけではなく、その自信さえも毒になることを身を持って体験したことによって、自分の持っている強みと弱みの両方を思い知ることができたのです。

その結果、他人からのフィードバックを有難いと思えるようになり、謙虚な姿勢で受け入れられるようになりました。

この「自信の落とし穴」に陥ってしまっている人、けっこう多いと思います。

自信は個性を際立たせます。それがネガティブに発動してしまうと危険なのです。

この章では、自信の落とし穴への対策、自信の使い方について解説していきます。

02

無敵になれる方法

自信が作られると「やりたいこと」が「できる」様になります。自分を信頼して前に進むことができるのです。自信が育ち、大きくなると個性が際立っていきます。ポジティブに大きく作用するとともに、それはネガティブにも影響を及ぼす可能性が出てきます。

これが自信の落とし穴。

わたしの個性の1つは楽観的なところ。これがポジティブに発動した時、自己効力感が高まり、どんどん行動できるようになりました。成長欲求が爆発し、次々と新たな挑戦をするようになりました。

その時、出会ったのが「億トレ（資産1億円を築いた投資家を指す言葉）」を謳った株式投資の本。ゼロから1億円を目指せるという何とも夢のあるキャッチフレーズは傲慢になっていたわたしの心を鷲掴みにしました。

「自分もきっと億トレになれる」

そう思い込んだわたしは満足に学ぶこともなく、根拠のない自信に支配され、大きな金額を迷いなく注ぎ込みます。

金銭感覚はすぐに麻痺しました。利益が出ても損失が出てもアドレナリンが出るから楽しく感じます。まるでゲームをやっているような感覚でした。そこからたったの1年間の間に、それまで20年でコツコツと貯めてきた700万円を誰にも相談せずにあっという間に溶かしてしまいました。

悪いことは重なるものです。

会社での信用、家族の信用、そしてお金。わたしはそれらを一度に全て失ってしまいました。

人はなかなか気づきません。

人はなかなか変わりません。

しかし、人は限度を超えた体験をすると、自ら気づき、自ら変わることができます。


想像を絶する苦痛を味わい、打ちひしがれていたわたしでしたが、ギリギリのところで心は折れませんでした。諦めなかったのです。

諦めなかったわたしは、気づき、変わりました。

自分の個性を心から自覚し、それをネガティブに発動しないように対策をしました。

失敗を再発させないルールを施したのです。


42歳のどん底で思い知った自分の個性は楽観的であること。

短期投資はしない
博打はしない

感情的になっている時は決断をしない
大きな挑戦をする時は客観的な意見を聞いてから判断する
準備が整ったと思ってから、もう一度考える

ルールはこれだけです。

自分の失敗を思い出し、確実に封じ込める対策を真剣に考えました。

ここからわたしは強くなりました。行動することができる。そして細心の注意もできるように対策がしてある。強みだけが残ったのです。もはや無敵です。

自分の個性を知る。

それはポジティブにもネガティブにも作用することを知っている。

自信を手に入れ、ポジティブな方向に最大限に発揮できる様になったら、個性がネガティブな方向に発動しない対策も打つ。再発しない様にルールを施す。

自分を信頼し、しがらみを気にせず内面的な安定と充実感を持って、自分らしく行動できる。**人は個性を最大限に発揮できるようになると、弱点も際立ってくる。弱点を見つけるたびに、それが再発しない様に確実に対策をする。**

これこそが成長であり、自信の使い方であり、無敵になれる方法です。

03 成長が止まってしまう罠

サラリーマン時代の23年間、新規事業を開業する多くの経営者と仕事をしてきました。また、400店舗以上のお店の開業を手伝う中で多くのスタッフとも接してきました。自分で立ち上げたオンラインコミュニティでは、2500人を超える人たちとコミュニケーションを取ってきました。そんな中で気づいたことがあります。

経験したことのないことを新しく始めた時、成長が早い人と成長が遅い人がいます。

成長が遅い人に共通するわかりやすい特徴があります。

それは、**自己評価と他者評価の乖離が大きい**こと。

周りは50点だと評価しているのに、本人は80点だと自己評価している。
こういう状態が起こっていると、成長速度が著しく遅くなります。なぜなら、自己評価が高い人は周りの人から学ぼうとしません。助言やアドバイスを聞こうとしません。失敗しても反省することがありません。

なおかつ、自分は何でこんなに評価されないのだろう？　と不満を持っています。
自分を評価してくれない人から指摘されることは余計に聞きたくありません。

ああ、書いていて心が痛くなってきました。
なぜなら、20代の頃のわたしはまさにこの通りだったからです。

自己評価 > 他者評価

これだと、学べません。そして成長する速度が遅くなります。

これが逆転して
自己評価＜他者評価

になると、ぐんぐん成長できるようになります。

わたしのクライアントだった経営者は、既に別の事業で成功している人も多くいました。人は一度成功すると、自信を持っています。

大きな成功をしている人ほど、大きな自信を持っています。50代、60代の経営者が、遥かに年下のわたしから経営に関してのアドバイスを受ける。人生の経験値や実績では、わたしよりもクライアントである経営者の方が遥かに上なのです。

それでも、謙虚な人は謙虚。アドバイスを素直に受け入れます。そして活かします。

自己評価が高いことがネガティブに発動すると、プライドが高く他者を見下す様になります。年下という理由だけで、わたしの話を真剣に聞かないクライアントもいました。

成長速度が早いのは、言うまでもなく前者のように謙虚な経営者です。

人生再起動メソッドにより、自信の作り方を学び、実践して、自信を手に入れる。

物事が好転することで、あなたはだんだん調子に乗ってきます。そんな時、注意したいのは自己評価と他者評価の乖離がないか？　ということです。

自己評価 ＞ 他者評価になってしまうと、成長が止まります。成果が出なくなり、自信を失ってしまいます。気をつけてください。

どれだけ成長しても、自信が大きくなっても、謙虚さを失わないこと。

一流は例外なく謙虚です。

常に学びの窓口が開いているからこそ、成長し続けることができる。謙虚であればあるほどに、自己評価∧他者評価となり、成長速度が上がっていくのです。

どこまで成長しても、どこまで成果を出せる様になっても、どれだけ自信が大きくなっても、謙虚さを失わないこと。

これは一流まで上り詰めるための秘訣であり、自信の使い方の1つです。

04

挑み続ける

それでは人生再起動メソッド、最後のセクションです。

（自信の作り方）

1．人のせいにしない
2．思いやりを持つ
3．覚悟を決める
4．正しく頼る
5．人の力になる

（自信の使い方）

6. 自信の落とし穴を知る

▼7. 挑み続ける

成長し続けるには、慢心せずいつまでも謙虚であり続けることが必要です。

一度作り上げた自信、育て上げた自信であっても磨くことをやめてしまえばすぐに輝きを失います。挑戦をやめた時点で自信は失われてしまうのです。

本書における自信の定義

自分を信頼すること
しがらみを気にせず
内面的な安定と充実感を持って
自分らしく行動できること

自分らしく行動できること。そして行動している状態こそが自信のある状態なのです。慢心せずいつまでも謙虚であり続けるにはどうしたら良いのでしょうか？

大谷翔平選手は、高校時代　アマチュア野球史上初の160㎞／hを記録。

２０１２年　ドラフト1位で日本ハムに入団。
２０１３年　入団以降、投手・打者の二刀流として出場。
２０１４年　日本プロ野球史上初の2桁勝利・2桁本塁打。
２０１５年　最多勝、最優秀防御率、最高勝率の投手三冠。
２０１８年　メジャーリーグのエンジェルスでプレイして新人王。
２０１９年　サイクル安打。
２０２１年　シーズンMVP。
２０２２年　メジャーでの2桁勝利・2桁本塁打。
２０２３年　WBCでエース&打者として活躍、MVP。シーズンでも最多本塁打、MVP。

2024年　MLB初の1シーズン50本塁打&50盗塁、本塁打王&打点王。
ドジャース移籍1年目でワールドシリーズ優勝。

これだけの実績・記録を打ち出しているのにもかかわらず、メディアで目にする彼はいつも笑顔で謙虚です。

彼が謙虚でいられる理由。それは、挑み続けているからでしょう。

自分と他者とを比較しません。比較するのは自分と自分。今の自分と、更に挑んだ先にいる自分とを比較しているのです。だから、慢心しません。常に目標を上におき、高い位置になるフィールドへ挑戦をし続けているからこそ、いつまでも素直に謙虚でいられるのでしょう。

挑戦を止めた時点で自信は失われます。
自信のある人は常に戦っているのです。

Ｎｅｔｆｌｉｘで配信されている、星野源×若林正恭『ＬＩＧＨＴＨＯＵＳＥ』という番組があります。これはシンガーソングライター・星野源とオードリー・若林正恭が顔を合わせ、各々の直近の「悩み」を持ち寄り対談するという内容のもの。

その対談の中で、

若林：イタコ以上のネタは思いつかないとわかっていてそれでも作り続けている。超えられない自分の壁がある。（春日がイタコの真似をするネタがある）

星野源：僕にはその感覚はない。ある一定の方向ではこれ以上はないと思っても別の方向性の曲なら、また限界を超えられると思って頑張ってる。

曲が作れなくてもう終わりだと毎回思うけど、これまでもその壁を乗り越えてきたわけだから、絶対できる！ と一旦アホになる。無責任になってとりあえず続ける未来の自分に高くボール投げるイメージで、時間が過ぎてキャッチできる感じ。

こんなやりとりが印象に残っています。

音楽やタレントの世界でも、自信を持って作品を作り出し、一流の座を守り続けている人たちは、例外なく挑み続けています。**挑み続けることでしか、人は成長し続けることができない**のです。

そして成長こそが幸福感です。一生、成長し続けることこそが人生の目的であると言っても過言ではない。わたしはそう考えています。

成長＝他者貢献

自分が成長することで、余力を生み出すことができる。そして、それらを使って周りの人たちに良い影響を及ぼすことができる。なんと幸せなことなのでしょうか。

大きな成長をし続けることが必要ということではありません。

たとえ、1ミリずつでも良いのです。少しずつでも前進し続けることが大切です。

挑み続ける。そして成長し続ける。

これこそが自信の使い方の締めくくりになります。

7章 人生再起動のためのワーク

人生再起動メソッド

IT'S NOT TOO LATE!

01 人生再起動メソッドとは？

本書の最終章となる第7章では、ここまで述べてきた人生再起動メソッドについてのまとめ、そしてその活用のきっかけになるように具体的なワークを準備しました。是非、最後までお読み頂き、人生再起動メソッドを使い倒してください。

それでは、まとめです。

人生再起動メソッドとは？

停滞している人生を再起動する手順です。

再起動という言葉には、リスタート（再開・再出発）というだけではなく、アップ

デート（新しくより良いものにする）という意味を持たせています。

目的は「最高の生き方」を手に入れること。

「最高の生き方」とは、人生の目的に向かって、自信を持って、自分で舵を取り、前進し続けている状態。その為に必要な、自分を信頼すること、しがらみを気にせず、内面的な安定と充実感を持って、自分らしく行動できること。

これを「自信」の定義としています。

●自信の作り方5つの手順

1. 人のせいにしない
2. 思いやりを持つ
3. 覚悟を決める
4. 正しく頼る
5. 人の力になる

●自信の使い方2つの手順

「6．自信の落とし穴を知る
7．挑み続け」

この7つの手順で成り立っています。
最重要キーワードは「正しく頼る」です。
正しく頼れるようになれば、人生は再起動できる。
これが、人生再起動メソッドです。

●7つの手順の要点

「1．人のせいにしない
全ては自分次第であり、常に素直で謙虚でいること。課題を探す姿勢」

を持ち続け、学びの窓口を大きく開いておくことで、成長し続けることができるようになる。

2. 思いやりを持つ

自分を後回しにして、相手の喜ぶことを真剣に考える。見返りは求めず、自分に対する評価も気にしない。思いやりを持ち、いざという時に力を貸してもらえる人間関係を作る。

3. 覚悟を決める

自分の限界を知って、それを受け入れる。自分の弱さをさらけ出し、他者に知ってもらう。頼ってもらえるようになる前提で、他者に頼る覚悟を決める。

4. 正しく頼る

持ち持たれつが成立する相手や環境を見極める。人は皆未熟であることを知る。決して卑下せず見下さず、1人ひとりと真剣に向き合う。自立するためにどんどん頼る。

5. 人の力になる

力を貸してもらって生まれた余力を使い、人の力になる。感謝の気持ちを原動力にして、自分の得意なことに集中する。相互の利他が自然に発生する、持ちつ持たれつを完成させる。

6. 自信の落とし穴を知る

自信は個性をネガティブな方向へも増進させる可能性があることを知る。弱みを発動させないためのルールを丁寧かつ確実に施し、強みだけを残す。

7. 挑み続ける

他者と自分を決して比較せず、慢心しないこと。成長こそが幸福感で

「あり、たとえ1ミリずつでも一生成長し続ける。成長そのものを人生の目的として、新しいことに挑み続ける。」

この7つの手順により、わたしの人生は再起動しました。最高の生き方を手に入れ、毎日が驚くほど楽しくなったのです。わたしの場合、これら全てに気づいて実行できるようになるまでには、かなり長い期間を要しました。

序章のエピソードにある通り、社会人になった22歳から42歳までの20年間です。

しかし振り返ってみれば、これらの気づきは本当に基本的なことばかりであり、難しいことは何1つありません。正しく頼る。それだけなのです。

さて、ここまで読んでくださった皆さんは、人生を再起動することができるでしょうか？

答えはNOです。

現時点ではまだ、人生再起動メソッドを知っただけ。何かを成し遂げる為には、欠かせない2つの要素があります。

そう、それは**思考と行動**です。

皆さんが思考と行動をしなければ、本書の内容はあっという間に無価値と化してしまうでしょう。そんなのもったいない。ゼッタイに活用していただきたい！

早速、次項からのワークを使って、人生再起動メソッドを始動させてください！

02 ワーク① やりたかったことを思い出す

1つ目のワークは「やりたかったことを思い出す」です。

人生再起動メソッドを使って、最高の生き方を手に入れる。
あなたにとっての最高の生き方とは、どんな生き方なのか？
これを明確にしていきましょう。

最高の生き方とは、「やりたいこと」が「できている」ということ。

「人生の目的に向かって
自信を持って」

自分で舵を取り
前進し続けている状態

人生の目的が明確にならないと、前進することはできませんよね。
それでは、いくつかの問いに答えながら、人生の目的を言語化していきましょう。

Q. あなたの人生の目的は何ですか？

この問いに明確に答えられない人は多いと思います。

なぜなら人生の目的を明確にしていなくても、日常生活において、生きていくのに支障があるように感じることがないからです。

わたしの場合は

何歳からでも遅くないことを自ら体現し続けて、自分に関わる人たちに本質的な気づきと影響を与え、1人でも多くの人生を再起動させて、それぞれの最高の生き方を手に入れてもらうこと。

47歳にして、ようやく言語化することができました。
これを実現するために自分自身が辿ってきた道を振り返り、これまで気づいてきたことをわかりやすく言語化し、多くの人に届くよう工夫を繰り返しながら、日々SNSで発信をしたり、メソッドにまとめて本を書いたり、講演をしたりしています。

人生の目的とは、あなたの価値観です。価値観を持っていない人はいません。価値観がわからない、見つからないという方は次の問いにも答えてみてください。

◎Q．あなたはどんなことをしている時に一番の幸せを感じますか？

わたしの場合は

【褒められている時に一番の幸せを感じます。】

努力をして成果が出たり、練習をして上手くなったり、誰かのために行動したことで相手に喜んでもらえた時、とても嬉しくて幸せを感じるのです。

これは自分が成長し続けることに、価値観の軸を持っているのだと自覚しています。
そのため自分でやると決めたことに対しては、努力や継続することをストレスに感じることがあまりありません。

自分が成長することで周りにいる人たち、関わってくれる人たちに良い影響を与えて、喜んでもらえることが幸せなのです。

Q．あなたの理想の未来はどんなものですか？

わたしの場合は

著書累計100万部のベストセラー作家になること。51歳の誕生日までに、発信や作家活動に専念できる経済的自由を手に入れること。

家族はわたし、妻、長女、長男、次女の5人。家族全員が安心して暮らしていけるのに必要な生活費を算出して、その金額を安定して確保する。

そうすることで、好きな時に好きな人に会いにいけるし、発信や書籍出版、講演会に全集中することができるのです。時期や期限まで明確にしておくと、夢の達成までのロードマップを具体的に作り上げることができますね。

これこそが、わたしのやりたかったことです。

これらの問いに答えても、「やりたいこと」がどうしても見つからないという方には、やはり八木仁平さんの著書、『世界一やさしい「やりたいこと」の見つけ方』（KADOKAWA）をお勧めします。

やりたかったことが言語化できると、それだけでも迷いがなくなります。そして推進力が生まれます。思い出すだけでワクワクするような、やりたかったことを思い出しましょう。

そして、言語化していつでも見返せるようにしておきましょう。

03 ワーク②避けたい未来を明確にする

次のワークは「避けたい未来を明確にする」です。

本書では「やりたいこと」が「できない」原因を「自信が足りていないから」としています。

「やりたいこと」があるのに、「やらないといけないこと」ばかりやって、行動できない。リスクを負ってまで、安全圏から出たくないと思わせる原因の1つが自己効力感（自分ならきっと上手くいくという感覚）つまり、自信が足りていないからなのです。

そして、「やりたいこと」が「できない」原因はもう1つあります。

それは危機感が足りてないことです。

「3章05：覚悟を決めるために必要なもの」では、覚悟を決めるのに必要なものとして、

1. 危機感
2. 価値観

をあげました。危機感があると、人は行動します。

山に置き去りにされてしまった。このまま動かなければ、あと1日で食料が無くなる。食料が無くなれば、飢えて死んでしまう。こういう状況で、何も行動しない人はいません。危険を伴ったとしても、食料を探しに行くでしょう。

「やりたいこと」がはっきりしても、行動できない人はいます。過去のわたしもそうでした。そんな人の為に危機感を生み出すワークに取り組みましょう。

◎Q．（理想の未来の実現に向けて）今、感じている課題は何ですか？

わたしの場合は

「著書累計100万部のベストセラー作家になること
その上で、ゼッタイ的な認知が足りていないこと」

が課題です。

いくら良い本を書いても、それを必要としている人に知ってもらわないと手に取ってもらうことはできません。そのため、認知を広める為の具体的な施策をいくつも考えていますし、それを実行していきます。

問題点や課題は考えないと出てきません。

理想の未来がはっきりしていないと考えることもできません。

やりたかったことを思い出したあなたが次に行うべきは、その実現において考えられる課題を明確にすることです。課題は放置していても解決しません。行動しないと解決できないのです。課題は「行動する」為の危機感になります。

Q．今のまま行動しなかったまま10年、20年経ったら、どういう気持ちになりますか？また人生最後の日を迎えた時、どう思うでしょうか？

わたしの場合は

10年後、57歳になっていています。体力は今よりもだいぶ衰えているでしょう。男性の健康寿命（健康上の問題で日常生活に制限のない期間）の72.6歳（2023年時点）まで残り15年。

20年後は67歳で、残り5年です。時間がありません、焦ります。今のようなな気力もないでしょう。わたしの場合、42歳から47歳までの5年間で毎日行動を積み重ねることができました。その為、仮に今日命が尽きても無念ではありますが後悔はありません。

しかし、42歳以前のわたしであれば、何もすることができなかったことを大きく後悔したでしょう。間違いなく悔しい気持ちになるだろうと思います。
「**もっと、やりたいことをしておけばよかった**」と。

これは皆さんにとってもゼッタイに避けたい未来ですよね。しかしながら、ほとんどの人は普段からこのようなことを考えたりしません。人生にはたっぷりと時間があって、10年、20年あればそのうち行動できるようになるだろうと考えてしまうのです。

わたしは実際に、22歳から42歳の20年間を思考停止状態で過ごしました。気力も体力も溢れていて、好きなだけ挑戦することのできる20代・30代のほとんどを「やらないといけないこと」に費やしてしまったのです。20年は長いように感じますが、過ぎ去ればあっという間なのです。これはこの先も同様でしょう。

何も考えず、何も行動しなくても時間はどんどん過ぎて行きます。一刻も早く、避けたい未来を明確にしましょう。「行動する」為の危機感を作り出しましょう。

04

ワーク③　3つのお守りを準備する

それでは、3つ目のワークをご紹介します。

3つのお守りを準備していきます。何かを成し遂げたい時、わたしは3つの要素が必須になると考えています。

それらは、

1. 適切な目標
2. 正しい方法
3. 継続する力

この3つです。1つ目の適切な目標については「ワーク①やりたかったことを思い出す」で言語化ができました。

2つ目の正しい方法とは、適切な目標に辿り着くための行動や順路、方向などのことです。成功事例を参考にしながら、信頼できる人に相談するなどして明確にしていきます。

そして、3つ目の継続する力を持ち続けることができれば、目標に辿り着くことができます。すごくシンプルですよね。

それなのに、なかなか目標を達成できていない人がいる。目標を達成できないどころか、行動することもできなくなる。気がつけば思考も停止して、ただただ時間を消化試合のように過ごしていく毎日を送っていた。こんなことが、平気で起こるのです。

なぜなら、環境は変化するからです。時代は流れ、自分自身も変化していきます。物事が上手くいかなかったり、問題や課題が大きくなりすぎると、立ち向かうことができなくなって心が折れます。

心が折れることのないように、正しい方法をブラッシュアップしたり、継続する力を保つためにこのワークでは、3つのお守りを準備します。

3つのお守りとは、

1. サポーター（心の支え＝守りたいもの）
2. ストッパー（自分の弱点への対策）
3. アンカー（いつでも帰れる安全基地）

この3つです。
自分にとってのお守りを言語化して持っておくことで、文字通り人生を再起動するあなたの心を守ってくれるでしょう。1つずつ、順番に説明しますね。

1. サポーター

サポーターとは、あなたの心の支え、そしてあなたが守りたいものです。

わたしは、42歳で人生のどん底を迎えた時、貯金がゼロになるまでお金を失い、家族の信頼を失い、職場での信頼も失いました。

20年かけて積み上げてきたものを、自分の失態によって全て失ってしまった。そんな大きな嫌悪感に襲われ、日々心が折れそうになりました。

その時、ギリギリのところで持ち堪えることができ、「何くそ！　このままでは終われない！　取り返してやる！」という負けん気を発揮できたのは、まだ小さな3人の子供達がいたからです。子供達がいるのに、自分が折れるわけにいかない。子供たちを守りたい。この気持ちが支えになってくれました。

人間の心はそれほど強くありません。

どんな人の心も支えが無くなれば折れる可能性があります。

・守りたいもの（人）

・大切にしたいこと（人）

・感謝していること（人）
・力を貸したい人

これらを言語化して1つ目のお守りにしましょう。

○2．ストッパー

ストッパーとは、自分の弱点への対策のこと。個性がネガティブな方向へ作用しないようにルールを決めて備えておきましょう。

わたしの個性は大らかで楽観的であること。ネガティブな方向へ作用したことで、株式投資の大失敗や会社での失態を起こしました。

準備不足で大きな挑戦をしないこと。繊細な仕事が必要な時は、それが得意な人に手伝ってもらうこと。その代わり、自分の得意なことに集中して力を発揮するようにすること。

このような指針を自分に課して、徹底しています。ストッパーを持つようにしたことで、失敗することは激減しました。

本書でいう、自信の使い方ですね。

- **自分の個性は何なのか？**
- **強みや弱みは何なのか？**
- **過去の大きな失敗体験**
- **過去の大きな成功体験**

このあたりを言語化することで、自分にとってのストッパーが見えてきます。

○3．アンカー

アンカーとは、停泊している船の碇（いかり）というイメージ。いつでも帰れる安全基地という意味です。何かショックなことがあったり、心がもやもやと晴れない時に身を寄せられる場所です。

「こんなことあったんだよ！」「そうだったんだね、大変だったね！」

そう声を掛けてもらえるだけで人は救われます。

多くの人は、1つ目に家庭、2つ目に職場という2つの場所で多くの時間を過ごしていますが、この2つの場所には利害関係やしがらみが存在していることが多く、本音や弱音を出しにくい場合があります。そのため、気兼ねなく、自分らしく発言できるようなサードプレイスが必要なのです。自分をむやみに否定してくる人がいない、安全な場所が1つあると人は頑張れます。

わたしの場合は、サラリーマン時代は同僚でした。職場とは離れた場所でわたしの話を聴いてくれる相手がいました。そして、起業したあとはオンラインコミュニティの仲間です。本当に気兼ねなく、自分をさらけ出すことができています。

サードプレイスになる自分のアンカーを持ちましょう。趣味の集まり、大人になってからできた友達、スポーツの集まりなどはアンカーになりますね。

オンラインコミュニティであれば、名前や顔、素性を明かさなくても交流をして仲間を作ることができます。

わたしの運営している「いれぶん塾」はまさにそんな場所で、多くの方のアンカーコミュニティになっています。アンカーがどうしても見つからない人は、一度覗いてみてください。

以上、3つのお守りを言語化したら、紙に書くなり、印刷するなり、スマホの待受やメモに表示できるようにして常に忘れず、身につけるようにしてください。そうすることで、安全に人生を再起動できるようになるでしょう。

05

ワーク④ アクションプランを決める

それではワークの締めくくり、そして本書の締めくくり。いよいよ人生再起動メソッドを始動させる時がやってまいりました。

このワークでは、人生再起動メソッドの自信の作り方セクションにおける、5つのステップについて、それぞれのアクションプランを決めます。

全ての再起動は思考と行動から始まります。

ここまで本書を読み進めて下さった皆さんは、もう十分に思考を回すことができています。あとは、行動に移すだけです。

読書は、最もパフォーマンスの高い自己投資の1つです。しかし、読書するだけでは人生は変わりません。行動しないと変わりません。変わらないどころか、せっかくインプットした知識もしばらくすると忘れてしまいます。

それではもったいない。

このワークでは、アクションプランを立てるだけではなく、実際にアクションをするまでがセットだと考えてください。

アクションプランを決める、5つのセクションはこちら。

1. 人のせいにしない
2. 思いやりを持つ
3. 覚悟を決める
4. 正しく頼る
5. 人の力になる

各項目でのアクションプランになる例として、わたしが実際にやっていた内容を列挙しておきます。

何もかもが上手くいかない。そんな状態だったわたしが、

・成長し続けられるようになった
・人に助けてもらえるようになった
・人を巻き込めるようになった
・人に好かれるようになった
・仕事がデキるようになった
・発信活動をしてSNS総フォロワー数15万人を超えた
・オンラインコミュニティ「いれぶん塾」に2500名が入塾した
・3冊の書籍を出版することができた
・好きなことを仕事にすることができた
・毎日が楽しくて仕方なくなった

このような成果を得ることにつながった、リアルなアクションプランです。

これらを参考にあなた自身のアクションプランを決めてみましょう。

そして確実にアクションできるように、いつからやるのかなど、実施する日時を設定してください。

1．人のせいにしない

- 「仕方ない」という言葉は使わないようにする（常に）
- 定期的に「自分の課題」と「解決策」を考えるようにする（毎日）
- 1年後の自分を成長させるルーティンを3つ決め、実施する
- 自分のことを責めない（常に）
- 素直さと謙虚さを持つ（常に）
- どんなことも自分で舵を取る（常に）

2. 思いやりを持つ

- 人と接する時、何をすれば喜んでくれるかを真剣に考え、それを実行する（常に）
- クライアントに自分に対する意見や要望がないかを聞き、尊重して対応する（常に）
- 1日5人、職場の同僚へ労いの言葉をかける（毎日）
- 家族全員へ「困っていることはないか？」と自分から声を掛ける（1週間に1度）

3. 覚悟を決める

- 自分の職務を十分に全うできているかを確認する（毎週月曜日）
- 頼らないことで誰かに迷惑を掛けていないかを確認する（毎週月曜日）
- 自分の苦手なことをチームのメンバーへ説明する
- 同僚に自分の良いところ、悪いところを3つずつ書いてもらう（年に1回）
- 人生の目的を言語化する（2週間に1回）

4. 正しく頼る

- 家族と同僚へ自分の状況（余力・心の状態）を共有する（1週間に1回）
- チームメンバーへ目標や価値観を発表する（3ヶ月に1回）
- 自分に何を求めているかとチームメンバーに質問する（1年に1回）
- アンカーコミュニティを探し、決める
- 人と対峙する時は、丁寧に向き合う（常に）
- 依存できる先を増やす（常に）

5. 人の力になる

- チーム全員に感謝の言葉を伝える（毎日）
- 得意なことを自分の役割にしてルーティンにする（常に）
- やるかやらないか迷ったらやる（常に）
- いつも自分が主役になる（常に）

・責任が大きい方へチャレンジする（常に）

このようなことを、実施しました。

マインドセットするために、手帳の1ページに丁寧に書いて、サラリーマン時代は毎日朝の通勤時に声に出して読み上げていました。

そして、2週間に一度、人生の目的、今年の目標、手帳に書いてあることがブレていないか？　確認して必要があればブラッシュアップする棚卸しの作業をしていました。

皆さんは、これらの全てを事細かに実施する必要はありません。自分に足りていないもの、強化したいものを選び、それを実施する日時を決めてください。そして、実践し、習慣化させてください。

出来上がったアクションプランが、あなたの日常のルーティンに自然な形で組み込まれ、当たり前にできるようになったとき、人生再起動が実現します。

どんどん、人生は好転していくでしょう。
人間とは弱い生き物です。
すぐに忘れるし、へこたれます。
それが普通なのです。
そんな時は、本書をお守りにしていただき、必要な箇所を何度も読み返してください。

今すぐ、始めましょう。何歳からでも遅くありません。

正しく頼る。

これができるようになるだけで、人生は必ず好転します。

本書を手に取ってくださった全員が、人生を再起動させること、最高の生き方を手に入れることを心から祈念します。そして心から応援し続けております。

おわりに

2024年3月13日、敬愛する祖父が97歳で亡くなりました。

わたしは、おじいちゃんっ子でした。

何でもできる。どんな困ったことがあっても自分で考えて、工夫を凝らして解決してしまう。そんなおじいちゃんのことがカッコよく見えたし、子供の頃からずっと大好きでした。

本書のタイトルにもある「何歳からでも遅くない」は、わたしの座右の銘。

とんでもなくヘビースモーカーだったのに、70代になってからある日ぱったりと禁煙。82歳で伴侶（わたしのおばあちゃん）を亡くしてから、一人暮らしを始めて洗濯や料理を始めるし、90歳を超えても、スマホでメールを送ってきたり。亡くなる前日も、自らの力で食堂に向かったり、面会に行ったわたし（孫）と父（息子）にユーモアを言って笑わせました。

そんな祖父が身をもって教えてくれたこと。

何歳からでも遅くない

つらいことがあったり、嫌なことがあったりした時、いつも祖父のことを思い出します。

おじいちゃんなら、どうするだろう？

きっと「頑張らなくっちゃ！」と、笑顔で立ち向かっていくはず。体力も気力も衰えている祖父がいつまでも挑戦し続けている。祖父よりも50歳も若い自分がやらない訳にはいきません。

42歳で人生のどん底を迎えた時、支えになったのは妻や子供だけではありません。わたしにとって、おじいちゃんは大きな存在でした。


まだまだ若い。行動するための気力も体力もある。

それなのに、**「やりたいこと」**ができていない。

「やりたいこと」は何となくある。だけど、日常は忙しく過ぎていく。仕方がない。落ち着いてからゆっくり始めよう。

そんな風に大雑把に思考停止してしまうのは、やめましょう。

どうせ自分では難しいと諦めてしまうのも、もうやめましょう。。

原因や課題があると感じた時、それらをとことん明確にしてみてください。そして、その解決方法を真剣に探し、努力してみてください。実はその過程そのものが、人生を再起動させることに繋がります。

新しいことを身につけ、成長していくことができます。

小さな成果を得られた。少しずつでも成長することができている。それこそが**「やりたいこと」**が**「できている」**状態である。わたしはそう思います。

こんな本を書いたわたしですが、42歳までは全くの凡人。本当に、何の取り柄もない「万年思考停止男」でした。この事実が、本書を読み、これから更なる「最高の生き方」を手に入れるであろう皆さんが第一歩目を踏みだす。その一助となれば幸いです。

「全員で」いつも機嫌良く、最高の生き方を手に入れましょう！

2025年3月　いれぶん

読者さまへの無料特典

最後まで読んで下さった皆さんに
わたしからのプレゼントがあります。

【動画コンテンツ】

3つのお守りの揃え方

「第7章：人生再起動の為のワークのワーク③3つのお守りを準備する」こちらの内容をいれぶんが、より詳しく解説した特別動画を準備しました。

❶ **サポーター**（心の支え＝守りたいもの）
❷ **ストッパー**（自分の弱点への対策）
❸ **アンカー**（いつでも帰れる安全基地）

この3つをどのようにして揃えていくのか？ をわかりやすく解説しておりますので、是非ともお受け取りください。

受け取り方法

このURLにアクセスしていただけましたら
「プレゼント」を無料で受け取れます。

https://11-official.com/nanoso-tokuten-uketori

※予告なく終了する場合があります。お早めにお受け取りください。

【著】いれぶん

1977年岐阜県生まれ。会社員23年。店舗ビジネスのコンサルタントとして活動。300人を超える経営者との生々しい成功体験、失敗も多数経験する。自らは投資を失敗し、勤め先･家庭での信用すべてを失う。どん底を経験したことをきっかけに43歳で一念発起、発信活動をスタート。「何歳からでも遅くない」をテーマに、経験に基づくマインドセットやベーシックスキルなど人生をアップデートするヒントを発信し続けている。SNS総フォロワーは15万人超（2025年1月現在）。2021年からは”全員で最高の生き方を手に入れる”オンラインコミュニティ「いれぶん塾」を運営。塾生は卒業生を含め2,500人超となる。著書に『40代から手に入れる「最高の生き方」』（KADOKAWA）『40代 X コミュニティ』（鴨ブックス）がある。

何歳《なんさい》からでも遅《おそ》くない
最高《さいこう》の生《い》き方《かた》を手《て》に入《い》れる人生再起動《じんせいさいきどう》メソッド

2025年3月7日　第1刷発行

著　者　いれぶん
デザイン　東京100ミリバールスタジオ
発行人　永田 和泉
発行所　株式会社イースト・プレス
〒101-0051　東京都千代田区神田神保町2-4-7 久月神田ビル
TEL 03-5213-4700 ／ FAX 03-5213-4701
https://www.eastpress.co.jp

印刷所　中央精版印刷株式会社

ISBN978-4-7816-2407-5